Recours interétatiques et droits de l'homme

Collection « Prix scientifique »

La collection Prix scientifique L'Harmattan publie les manuscrits primés par un jury scientifique qui, sur appel à participation, se réunit une fois par an pour distinguer les mémoires de master 2, les thèses et les HDR dans l'ensemble des domaines couverts par les éditions L'Harmattan.

Le jury est composé de Claudine Blanchard-Laville (sciences de l'éducation, université Paris Nanterre), Jean-Paul Chagnollaud (sciences politiques, CY Cergy Paris Université), Jean-Louis Chiss (linguistique, université Sorbonne Nouvelle Paris 3), Jean-Marc Lachaud (philosophie et esthétique, Université Paris 1 Panthéon Sorbonne), Vincent Laniol (histoire), Jean-Claude Némery (droit, université de Reims, Champagne-Ardenne), Bruno Péquignot (sociologie, université Sorbonne Nouvelle Paris 3) , Thomas Perroud (droit, Panthéon-Assas Université), Xavier Richet (économie, université Sorbonne Nouvelle Paris 3), Denis Rolland (IGESR, histoire et relations internationales, Université de Strasbourg, IUF), Philippe Tancelin (philosophie, études littéraires, université Paris 8 Vincennes Saint-Denis), Gérard Teboul (droit international, université Paris 12-UPEC), Dimitri Uzinidis (économie, université du Littoral, Côte d'Opale).

Dernières parutions

Damien Calais, *La sécurité alimentaire aux Émirats arabes unis. Nourrir une pétromonarchie à l'ère globale,* 2024.
Diane Gattet, *Travailler à la cour nationale du droit d'asile*, 2023.
Cécile Moreno, *Patrice Chéreau et le théâtre Nanterre-Amandiers (1981-1990)*, 2023.
Maëlle Crosse, *Transformation des pratiques pédagogiques dans l'enseignement supérieur*, 2023.
Clara Romani, *La réforme de Colette de Corbie (1381-1447)*, 2023.
Laurence Gandon, *Promotion de la santé*, 2023.
Gavin Marfaing, *La contribution du droit à la réalisation d'un objectif environnemental* 2023.
Manon Contreras, *Emotions et virilités au cinéma*, 2023.

Nathan PELLETIER

Recours interétatiques et droits de l'homme

La pratique devant les organes de protection

Préface de Guillaume LE FLOCH

L'Harmattan

5-7, rue de l'École-Polytechnique – 75005 Paris
www.editions-harmattan.fr
ISBN : 978-2-336-41236-8
EAN : 9782336412368

SOMMAIRE

PRÉFACE

La consécration progressive d'un droit de recours individuel, au profit des personnes privées à l'encontre des Etats parties à certaines conventions relatives aux droits de l'homme, a indiscutablement constitué une étape majeure dans l'évolution du droit international. Il aurait sans doute dû en aller de même de la reconnaissance d'un droit de recours interétatique par ces mêmes conventions, si les Etats n'avaient toutefois pas fait preuve d'une trop grande pusillanimité.

Devant les organes de protection des droits de l'homme habilités à en connaître, les requêtes interétatiques ont jusqu'ici été rares, voire inexistantes. Les Etats parties ne se sont pas saisis de l'opportunité qui leur est parfois reconnue, d'introduire une requête à l'encontre de n'importe quel autre Etat partie, accusé de méconnaître les dispositions de la convention pertinente, afin de défendre des valeurs communes. Ce constat n'est cependant guère surprenant. Les Etats, selon l'expression de Nietzsche, sont des monstres froids. S'ils s'abstiennent d'endosser d'une certaine façon le rôle de procureur, c'est avant tout par crainte de voir leurs relations diplomatiques avec l'Etat en cause compromises, mais aussi par peur de se retrouver attrait, à leur tour, devant ces mêmes organes de protection des droits de l'homme et de finir en arroseur arrosé.

Cette absence de pratique a eu pour effet que la question des recours interétatiques devant les organes de protection des droits de l'homme a été assez largement délaissée par la doctrine alors qu'elle comporte des implications théoriques très fortes. De plus, c'est une voie de recours qui ne saurait être considérée comme une relique du passé. Si la pratique demeure très largement clairsemée, il est significatif d'observer qu'au cours de la dernière décennie, certains organes, à l'image du Comité pour l'élimination de la discrimination raciale, ont eu à connaître de leurs premières requêtes interétatiques. Par ailleurs, l'augmentation du nombre de conflits armés en Europe, a conduit à une recrudescence des requêtes interétatiques devant la Cour européenne des droits de l'homme. La question des recours interétatiques devant les organes de protection des droits de l'homme méritait donc de faire l'objet d'une étude approfondie.

Il est dès lors heureux que M. Nathan Pelletier se soit saisi du sujet. Le pari était risqué mais l'auteur, avec force et détermination, l'a gagné. Le travail de M. Nathan Pelletier est d'autant plus utile qu'il n'a pas limité son étude à un seul système, mais l'a étendu à tous les organes juridictionnels et quasi juridictionnels de protection des droits de l'homme afin d'avoir une vue d'ensemble. Les grandes qualités de ce travail ne sont au demeurant pas passées inaperçues. L'auteur a en effet obtenu le Prix L'Harmattan du Mémoire en Droit public.

M. Nathan Pelletier peut donc être remercié pour s'être lancé dans un tel sujet et félicité pour l'analyse fine et rigoureuse à laquelle il s'est livré. Il ne reste plus qu'à espérer que ce travail très prometteur ne soit que le premier d'une longue série.

Guillaume Le Floch

REMERCIEMENTS

Je tiens ici à remercier Monsieur le Professeur Guillaume Le Floch pour avoir dirigé ce mémoire avec autant de bienveillance, de patience, et de sagacité. Ses conseils avisés furent une véritable source de motivation et d'inspiration. Je ne pouvais pas rêver meilleur directeur de mémoire et je suis très honoré qu'il soit désormais mon directeur de thèse.

Mes remerciements vont également à Madame Lucie Paiola qui, en prenant part à la soutenance et à la correction de ce travail, a indéniablement contribué à son amélioration et à sa transformation en ouvrage publiable. Je tiens aussi à exprimer ma gratitude à l'ensemble des doctorants de l'I.D.P.S.P., administrativistes comme internationalistes, qui ont non seulement consenti à mon omniprésence au sein de leur bibliothèque durant la rédaction de ce mémoire, mais qui m'ont aussi depuis fait une place à leurs côtés.

Je remercie chaleureusement mes camarades de la Faculté de droit de Rennes ainsi que mes amis avec qui je partage une douce nostalgie à l'évocation des noms d'Ernest Renan et de Bessières. A titre tout particulier, je remercie Paul et Vincent pour leurs encouragements constants et leur amitié indéfectible.

Je suis extrêmement reconnaissant envers ma famille pour son soutien inconditionnel et sans faille. Je ne remercierai jamais assez mes parents sans lesquels rien de ce qui fut écrit ici n'aurait vu le jour.

Je remercie enfin Julie qui a participé bien plus qu'elle ne le croit à la réalisation de ce mémoire. Que ce soit outre-Atlantique, ou rue Jean Macé, elle m'a offert un bonheur quotidien, clef d'un travail heureux et serein.

PRINCIPALES ABRÉVIATIONS

I. ANNUAIRES, RECUEILS, ET REVUES

A.F.D.I.	Annuaire français de droit international
A.F.R.I.	Annuaire français de relations internationales
A.J.I.L.	American Journal of International Law
Ann. I.D.I.	Annuaire de l'Institut de droit international
C.J.I.L.	Chicago Journal of International Law
E.C.H.R.L.R.	European Convention on European Human Rights Law Review
E.J.I.L.	European Journal of International Law
I.C.L.Q.	International and Comparative Law Quaterly
J.H.R.P.	Journal of Human Rights Practice
P.Y.I.L.	Polish Yearbook of International Law
R.B.D.I.	Revue belge de droit international
R.C.A.D.I.	Recueil des cours de l'Académie de droit internationale
R.D.H.	Revue des droits de l'homme
R.T.D.H.	Revue trimestrielle des droits de l'homme
R.G.D.I.P.	Revue générale de droit international public
R.Q.D.I.	Revue québécoise de droit international

II. TEXTES ET DOCUMENTS OFFICIELS

Charte A.D.H.P.	Charte africaine des droits de l'homme et des peuples
C.I.E.D.R.	Convention internationale sur l'élimination de toutes les formes de discrimination raciale
Conv. A.D.H.	Convention américaine relative aux droits de l'homme
Conv. E.D.H.	Convention européenne des droits de l'homme
C.N.U.	Charte des Nations unies
D.U.D.H.	Déclaration universelle des droits de l'homme
P.I.D.C.P.	Pacte international relatif aux droits civils et politiques
P.I.D.E.S.C.	Pacte international relatif aux droits économiques, sociaux et culturels

III. Juridictions internationales et organes quasi-judiciaires

C.A.D.H.P.	Cour africaine des droits de l'homme et des peuples
C.C.P.R.	Comité des droits de l'homme
C.E.D.H.	Cour européenne des droits de l'homme
C.E.R.D.	Comité pour l'élimination de la discrimination raciale
C.E.S.C.R.	Comité des droits économiques, sociaux et culturels
C.I.D.H.	Cour interaméricaine des droits de l'homme
C.I.J.	Cour internationale de Justice
Com. A.D.H.P.	Commission africaine des droits de l'homme et des peuples
Com. E.D.H.	Commission européenne des droits de l'homme
Com. I.D.H.	Commission interaméricaine des droits de l'homme
C.P.I.	Cour pénale internationale
C.P.J.I.	Cour permanent de Justice internationale

IV. Organisations internationales

A.S.E.A.N.	Association des nations de l'Asie du Sud-Est
L.E.A.	Ligue des États arabes
O.E.A.	Organisation des États américains
O.I.T.	Organisation internationale du travail
O.N.U.	Organisation des Nations Unies
S.D.N.	Société des Nations
U.A.	Union africaine
U.E.	Union européenne

INTRODUCTION

> « Pourquoi dort-il et te laisse-t-il agir seul ? Il devrait lui-même exciter tous les chefs, car une inexorable nécessité nous assiège. »
>
> Nestor[1]

La justice internationale[2] connaît bien des maux. Dépeinte, parfois à tort et parfois à raison, comme lente[3], lourde, coûteuse[4], ou même inefficace[5], sa pérennité et son efficience dépendent de multiples variables. Parmi elles figure sûrement

[1] Homère, *L'Iliade*, Chant X, p. 258.

[2] La justice internationale n'est autre que « la justice entre États » ou « entre un particulier d'une part et un État de l'autre », dont les différends sont jugés par des juridictions internationales : « Le procès n'aura un caractère international que s'il est plaidé devant un tribunal dont le pouvoir se fonde sur le droit international » d'après F. CASTBERG, « L'excès de pouvoir dans la justice internationale », *R.C.A.D.I.*, vol. 35, 1931, p. 358.

[3] Quand bien même « la lenteur a des vertus apaisantes et pacificatrices » : G. LE FLOCH, *L'urgence devant les juridictions internationales*, Paris, Pedone, 2008, p. 19.

[4] Sur ce point voir A. MIRON, « Le coût de la justice internationale : enquête sur les aspects financiers du contentieux interétatique », *A.F.D.I.*, 2014, vol. 60, p. 267, selon laquelle « le procès international demeure toujours une alternative moins coûteuse que d'autres moyens de règlement des différends » car à titre d'exemple « le prix de la justice est certainement moindre que celui des armes ».

[5] L'inefficacité étant également la conséquence des maux précédents. Voir A. PELLET, « Remarques sur l'(in)efficacité de la Cour internationale de Justice et d'autres juridictions internationales », *in Le procès international : Liber Amicorum Jean-Pierre Cot*, Bruxelles, Bruylant, 2009, p. 212.

d'abord la « délicate alchimie »[6] à trouver au moment de la conception des juridictions internationales. Vient ensuite un facteur à la fois temporel et matériel, celui de l'évolution des procédures et des décisions de ces juridictions, dont il faut souhaiter qu'elles se renforcent au fil des années[7]. Enfin, pour en apprécier pleinement les vertus et faiblesses, il convient d'interroger la perception de cette justice par les acteurs du droit international, et notamment l'application par les États des décisions qui en sont issues[8]. Mais dans ces facteurs, non exhaustifs, d'attractivité ou d'efficacité du système juridictionnel international, un élément aussi simple qu'évident vient à manquer : le recours ou non par les justiciables à cette justice internationale. L'analyse de l'exercice du recours aux juridictions internationales, ou plutôt de son non-exercice, invite à de nombreux développements. A titre d'exemple, une interrogation quant à la portée effective du principe du règlement pacifique des différends est possible [9], tout comme une réflexion d'ensemble s'agissant du pouvoir judiciaire international[10]. Car à quoi bon instituer des juridictions si personne ne s'en saisit ? Plus précisément, faut-il priver de voie de recours les justiciables si réticents[11] à en faire usage qu'ils s'y refusent totale-

---

[6] J.-M. SOREL, « Les premiers pas des juridictions internationales : maladresse, péché de jeunesse ou affirmation ? », *in Le procès international : Liber Amicorum Jean-Pierre Cot*, Bruxelles, Bruylant, 2009, p. 285.

[7] Puisque c'est également l'efficacité du droit international tout entier qui en dépend selon R. KOLB, *Théorie du droit international*, Bruxelles, Bruylant, 2e éd., 2013, p. 354.

[8] Application qui dépend d'ailleurs essentiellement de facteurs politiques, mais pas seulement. Sur ce sujet voir notamment J. MATRINGE, « L'exécution par le juge étatique des décisions judiciaires internationales », *R.G.D.I.P.*, 2013-3, pp. 555-578 ; P. WECKEL, « Les suites des décisions de la Cour internationale de Justice », *A.F.D.I.*, vol. 42, 1996, pp. 428-442 ; E. LAMBERT-ABDELGAWAD, « L'exécution des décisions des juridictions européennes (Cour de justice des Communautés européennes et Cour européenne des droits de l'homme) », *A.F.D.I.*, vol. 52, 2006, pp. 677-724.

[9] D. ALLAND, *Manuel de droit international public*, Paris, PUF, 6e éd., 2019, p. 286.

[10] M. FORTEAU, « La saisine des juridictions internationales à vocation universelle », *in* H. RUIZ FABRI et J.-M. SOREL (dir.), *La saisine des juridictions internationales*, Paris, Pedone, 2006, p. 9.

[11] Les plus défiants ne sont souvent pas ceux qui refusent de saisir la juridiction, mais ceux à l'encontre desquels une saisine est probable ou déjà

ment ? Si la réponse est évidemment et heureusement négative[12], la question a tout de même le mérite de se poser. Mais les enjeux ne sont pas les mêmes selon les justiciables concernés ou les branches du droit international étudiées[13].

A cet égard, les recours interétatiques interrogent davantage que les recours, pour le moins récents, accordés aux individus devant certaines juridictions internationales. C'est d'ailleurs en raison de l'émergence et de la multiplication des recours individuels, que les recours interétatiques sont parfois délaissés par les États. Ceux-ci ne voient sûrement plus l'intérêt de se risquer à un conflit, certes pacifique mais peu reluisant sur le plan diplomatique[14], quand les individus peuvent eux-mêmes dé-

---

en cours. Ce sont ces mêmes États qui décideront de dénoncer le traité instituant la juridiction crainte. Les exemples récents ne manquent pas, à l'image du Statut de Rome instituant la Cour pénale internationale qui fut dénoncé par le Burundi en 2016, par les Philippines en 2018, et à l'égard duquel la Russie a retiré sa signature en 2016 : M.-C. RUNAVOT, « Le retrait de la Fédération de Russie de sa signature du traité de Rome ou l'art de pervertir le droit des traités », *R.D.H.*, 2016.

[12] S'agissant par exemple de la place incontestée du recours interétatique dans la Convention européenne des droits de l'homme malgré sa rareté pratique, voir E. BATES, « Histoire et typologie des procédures interétatiques en vertu de la CEDH », *Affaires interétatiques en vertu de la Convention européenne des droits de l'homme*, Actes de la Conférence organisée sous l'égide de la Présidence allemande du Comité des Ministres, Conseil de l'Europe, 2021, p. 19 : « Despite the comparative rarity of inter-state cases, and even though in the future individual applicants would be guaranteed a right of access to Strasbourg, there was no suggestion that the inter-state procedure be removed from the Convention ».

[13] Les phénomènes de multiplication des juridictions internationales et plus globalement de « fragmentation » du droit international expliquent en partie ce constat. Cependant le second peut être nuancé sur certains aspects puisque « la fragmentation et la cohérence sont des notions non pas objectives mais subjectives » et que « cette évolution revêt une importance mineure du point de vue du raisonnement juridique » d'après la Commission du droit international, « Fragmentation du droit international : difficultés découlant de la diversification de l'expansion du droit international », *Rapport du Groupe d'étude*, 2006, A/CN.4/L.682.

[14] P.-H. IMBERT, « Le Conseil de l'Europe. 60 ans d'indifférence respectueuse », *A.F.R.I.*, 2010, vol. XI, p. 447 : « Il est évident que, pour un État, déposer une requête contre un autre État n'est pas un acte anodin et il serait naïf de vouloir ignorer les dilemmes politiques auxquels il a été confronté avant de prendre une telle décision ».

fendre leurs intérêts devant le juge international ou régional[15]. Une illustration toute particulière de ce phénomène peut être observée dans le droit international des droits de l'homme. L'échec du recours interétatique[16] y est extrêmement préjudiciable[17]. Il l'est d'autant plus que les requérants, et plus généralement les acteurs, historiques des systèmes de protection des droits de l'homme sont les États[18].

En effet, le recours interétatique occupe une place singulière dans le contentieux international des droits de l'homme. Tantôt qualifié d'« exceptionnel »[19], tantôt de « reliquat »[20], il semble à la fois bien vivant[21] et paradoxalement en voie de quasi-dispari-

---

[15] Ce qui incita réciproquement à une augmentation du nombre de recours individuels. S'agissant par exemple de la Cour européenne des droits de l'homme voir E. LAMBERT-ABDELGAWAD, « La saisine de la Cour européenne des droits de l'homme », *in* H. RUIZ FABRI et J-M. SOREL (dir.), *La saisine des juridictions internationales*, Actes de la Journée du Contentieux de 2005 par le CERDIN et de l'UMR de Droit comparé, Paris, Pedone, 2006, p. 232 : « La carence des recours étatiques peut d'ailleurs être considérée comme une des causes de l'explosion des requêtes individuelles ».

[16] *Ibid.*, p. 232 : « la saisine étatique a été un échec à l'instar de la pratique des autres systèmes régionaux et universels des droits de l'homme ».

[17] L.-E. PETTITI, « Réflexions sur les principes et les mécanismes de la Convention. De l'idéal de 1950 à l'humble réalité d'aujourd'hui », *in* L.-E. PETTITI, E. DECAUX et P.-H. IMBERT (dir.), *La Convention européenne des droits de l'Homme. Commentaire article par article*, Paris. Economica, 1995, p. 28 : « *f*aute de recours interétatiques, les violations massives et systématiques n'ont pu être dénoncées utilement. Les requêtes individuelles ont donné une émietté de l'état des droits et des traitements pratiqués ».

[18] L. BURGOGUE-LARSEN, *Les 3 cours régionales des droits de l'homme in context. La justice qui n'allait pas de soi*, Paris, Pedone, 2020, p. 13 : « Sans les États, point de justice des droits de l'homme. Sans leur volonté de créer des systèmes de protection à l'échelle internationale et d'en promouvoir l'évolution ; sans leur accord pour respecter l'interprétation des droits et appliquer la jurisprudence des organes de protection, la justice des droits de l'homme ne serait qu'un vain mot, une douce chimère, un idéal hors sol ».

[19] E. DECAUX, O. DE FROUVILLE, *Droit international public*, Paris, Dalloz, 12e éd., 2020, p. 338.

[20] H. GAUDIN, « Les recours entre les États adhérents », *in* J. ANDRIANTSIMBAZOVINA, L. BURGOGUE-LARSEN et S. TOUZE (dir.), *La protection des droits de l'homme par les cours supranationales*, Actes du colloque des 8 et 9 octobre 2015 de la Fondation René Cassin, Paris, Pedone, 2016, p. 166.

[21] En témoigne la récente conférence du Conseil de l'Europe sur les « Affaire interétatiques en vertu de la Convention européenne des droits de l'homme :

tion[22]. À en croire le champ lexical qui lui est associé, le recours interétatique en matière de protection des droits de l'homme aurait perdu de sa superbe. Il suffit d'ailleurs de dresser un panorama purement quantitatif des affaires interétatiques pour comprendre que celles-ci se font rares[23]. Malgré l'importance majeure sur le plan théorique que revêt le recours interétatique dans la protection des droits de l'homme, les États ne semblent pas s'en être saisi à hauteur des espérances initiales[24]. Le constat est tel que bien souvent le sujet ne fut étudié que sommairement, s'il n'était tout simplement pas délaissé. Mais est-il toujours pertinent de s'arrêter à ce caractère « prétendument naturel de la rareté des requêtes étatiques »[25] ? Le consensus quant à l'insuffisance numérique de ces recours ne ferait-il pas oublier leur intérêt fondamental, pour les droits de l'homme mais aussi pour les États ? Les plus téméraires ont osé se saisir de la question et en ausculter les quelques exemples clairsemés[26]. Néanmoins, ces initiatives restent

---

expériences et défis actuels » organisée les 12 et 13 avril 2021 ; durant laquelle la Ministre allemande de la justice et de la protection des consommateurs C. LAMBRECHT affirma en ouverture : « Article 33 of the Convention is not dead. It is living law ! ».

[22] R. ABRAHAM, « La réforme du mécanisme de contrôle de la Convention européenne des droits de l'homme : le Protocole n°11 à la Convention », *A.F.D.I.*, vol. 40, 1994, p. 626.

[23] F. SUDRE, *Droit européen et international des droits de l'homme*, Paris, PUF, 15e éd., 2021, p. 108, selon lequel d'une « manière générale, ces recours étatiques n'ont fait l'objet que d'une utilisation parcimonieuse ».

[24] L. HENNEBEL, H. TIGROUDJA, *Traité de droit international des Droits de l'homme*, Paris, Pedone, 2e éd., 2018, p. 447 : « Si l'action interétatique – beaucoup plus conforme à l'esprit de la société juridique internationale – pouvait parfois être perçue comme devant constituer la clé de voûte des mécanismes de protection, comme cela ressort par exemple des travaux préparatoires de la CEDH, force est de reconnaître qu'en pratique, il n'en a rien été puisque tous systèmes confondus, l'on dénombre peu de recours introduits par un État contre un autre État ».

[25] P.-H. IMBERT, *op. cit.*, note 14.

[26] Voir notamment S. LECKIE, « The Inter-State Complaint Procedure in International Human Rights Law : Hopeful Prospects or Wishful Thinking ? », *Human Rights Quartely*, The Johns Hopkins University Press, 1988, vol. 10, n° 2, pp. 249-303 ; L.-E. PETTITI, « Les recours interétatiques dans le système de la Convention européenne des droits de l'homme », *in* D. BARBONNET (dir.), *Le règlement pacifique des différends internationaux en Europe :*

éparses et inégales selon le système de protection choisi. Il semble en effet bien moins original d'examiner le contentieux interétatique des droits de l'homme dans le cadre du Conseil de l'Europe que dans celui de l'Organisation des États américains tant la pratique y est différente[27]. De même, jusqu'aux récentes saisines du Comité pour l'élimination de la discrimination raciale par le Qatar et la Palestine[28], l'étude du contrôle opéré par les comités conventionnels onusiens semblait bien moins pertinente que l'exploration de la jurisprudence de la Cour internationale de Justice en la matière[29]. Dès lors, l'analyse

---

Perspectives d'avenir, Académie de droit international de La Haye, Martinus Nijhoff, 1991 ; K. ROGGE, « Inter-State cases under Article 33 of the European Convention on Human Rights », *in* H. HARTIG (dir.), *Trente ans de droit européen des droits de l'homme : Études à la mémoire de Wolfgang Strasser*, Anthémis, Bruylant, 2008, pp. 289-306 ; S. C. PREBENSEN, « Inter-State Complaints under Treaty Provisions – The experience under the European Convention on Human Rights », *in* G. ALFREDSSON, J. GRIMHEDEN et G. RAMCHARAN (dir.), *International Monitoring Mechanisms : Essays in Honor of Jacob Th. Möller*, Martinus Nijhoff, 2009, pp. 441-464 ; I. RISINI, *The Inter-State Application under the European Convention on Human Rights : Between Collective Enforcement of Human Rights and International Dispute Settlement*, Leiden-Boston, Brill Nijhoff, International Studies in Human Rights, vol. 125, 2018, 278 p.

[27] Seules deux affaires ont été recensées dans le système interaméricain, l'une opposant le Nicaragua au Costa Rica, l'autre l'Équateur à la Colombie, et n'ont pas pu donner lieu à un arrêt de la Cour interaméricaine des droits de l'homme : Com. I.D.H., *Nicaragua c. Costa Rica* (irrecevabilité), 8 mars 2007, affaire interétatique 01/06, rapport n°11/07 ; Com. I.D.H., *Équateur c. Colombie* (archivage), 4 novembre 2013, affaire interétatique 12.779, rapport n°96/13.

[28] D. KEANE, « A Unique Jurisdiction: Inter-State Communications under Article 11 of the International Convention on the Elimination of Racial Discrimination », *Affaires interétatiques en vertu de la Convention européenne des droits de l'homme*, Actes de la Conférence organisée sous l'égide de la Présidence allemande du Comité des Ministres, Conseil de l'Europe, 2021, pp. 39-43.

[29] Sur ce sujet voir notamment P-M. DUPUY, « Les considérations élémentaires d'humanité dans la jurisprudence de la CIJ », *in Mélanges Valticos : droit et justice*, Paris, Pedone, 1999, pp. 117-130 ; R. GOY, *La Cour internationale de Justice et les droits de l'homme*, Bruxelles, Bruylant, 2002, 222 p. ; E. DECAUX, « La Cour internationale de Justice et les droits de l'homme », *in Studi di Diritto Internazionale in onore di Gaeteno Arangio-Ruiz*, Naples, Editoriale Scientifica, 2004, pp. 921-966 ; S. EL BOUDOUHI, « L'arrêt Ahmadou Sadio Diallo (République de Guinée c. République

globale des recours interétatiques devant les organes de protection des droits de l'homme n'est *a priori* pas chose aisée. Il s'agit donc d'éclaircir quelque peu le champ d'étude en présentant les différents organes dotés d'une telle procédure et en s'intéressant de plus près à l'acteur principal et unique de ce recours, l'État.

Dans un sens tout à fait classique, le recours interétatique se définit comme l'action en justice d'un État contre un acte ou une décision d'un autre État devant un organe juridictionnel, ou quasi-juridictionnel, doté du pouvoir de trancher les litiges par application du droit[30]. Le recours interétatique est donc un mode de saisine[31], dont découlent en toute logique les « litiges interétatiques » et la « justice interétatique »[32]. Plus précisément, et appliqué au droit international des droits de l'homme, le recours interétatique n'est autre que la procédure par laquelle un État ou un groupe d'États décide de contester, devant un organe prévu à cet effet, la violation par un autre État d'obligations réciproques contenues dans des normes contraignantes relatives aux droits de l'homme[33]. Si cette définition semble avoir le

---

démocratique du Congo). La CIJ est-elle devenue une juridiction de protection des droits de l'homme ? », *A.F.D.I.*, vol. 56, 2010, pp. 277-299.

[30] Du moins tel est le sens premier que l'on peut tirer des définitions des termes « recours » et « interétatique » figurant dans J. SALMON (dir.), *Dictionnaire de droit international public*, Bruxelles, Bruylant, 2001, p.599 et p. 949.

[31] Le terme saisine, malgré son apparente simplicité, recouvre deux sens, l'un étant l'acte formel d'introduction dans l'instance, et l'autre la demande concrète introduite et ses conséquences : E. JOUANET, « Remarques conclusives », *in* H. RUIZ FABRI et J.-M. SOREL (dir.), *La saisine des juridictions internationales*, Paris, Pedone, 2006, p. 314. Ne comprendre le recours étatique que selon le sens premier qui lui est donné c'est ne l'envisager que « comme un instant désincarné, totalement déconnecté, en amont du contexte qui le précède, des intentions qui animent ses auteurs et des opérations juridiques préalables qui en permettent la réalisation, et, en aval, des effets de droit qu'il engendre et de la situation juridique qu'il constitue » : M. FORTEAU, « La saisine des juridictions interétatiques à vocation universelle », *op. cit.*, note 10, p. 13.

[32] J.-M. SOREL, « Justice internationale », *in* J. ANDRIANTSIMBAZOVINA, H. GAUDIN, J.-P. MARGUENAUD, S. RIALS et F. SUDRE (dir.), *Dictionnaire des Droits de l'Homme*, Paris, PUF, 2008, p. 464.

[33] Définition inspirée de celle développée par S. LECKIE, « The Inter-State Complaint Procedure in International Human Rights Law : Hopeful Prospects

mérite de la clarté et de l'unité, la réalité est toute autre. La terminologie et la typologie employées s'agissant du recours interétatique varient selon le système ou l'organe de protection des droits de l'homme envisagé. Or, le droit international des droits de l'homme, peut-être plus que toute autre branche du droit international, a connu une « fertilisation »[34] croissante des « tribunaux, cours, juridictions et autres organes quasi-juridictionnels »[35] à un niveau aussi bien universel que régional. En effet, nombreuses sont les conventions relatives aux droits de l'homme à avoir institué des organes de protection et de contrôle de leurs dispositions. A cet égard, quasiment toutes ont prévu un « droit d'action étatique »[36]. Il faut également noter que certaines juridictions, dont l'objet initial n'était pas celui de la protection des droits de l'homme, se sont progressivement emparées aussi de la question[37]. Ainsi, les organes de protection seront ici entendus au sens large. Ils sont aussi bien juridictionnels que quasi-juridictionnels, et aussi bien spécialisés dans la protection des droits de l'homme qu'à compétence générale. De tels organes disposent pour la plupart d'une voie de recours interétatique. Pour les présenter schématiquement, il est possible de distinguer les organes appartenant au système universel de protection des droits de l'homme et ceux relevant d'un système régional de protection des droits de l'homme.

Le système universel de protection des droits de l'homme est principalement fondé sur les organes onusiens. La procédure de

---

or Wishful Thinking ? », *Human Rights Quartely*, The Johns Hopkins University Press, 1988, vol. 10, n°2, p. 249 : « This procedure involves the filing of a formal application by a state or group of states against another state alleging noncompliance with the norms contained in a human rights instrument to which all states concerned are legally bound ».

[34] L. HENNEBEL, H. TIGROUDJA, *op. cit.*, note 24, p. 151.

[35] *Ibid.*, p. 151, faisant dire aux auteurs que « L'une des caractéristiques de cet 'ordre' est d'être… en désordre ».

[36] F. SUDRE, *op. cit.*, note 23, p. 107.

[37] Tel est le cas par exemple de la Commission d'enquête de l'Organisation internationale du travail, qui connaît certes un mécanisme de plainte interétatique (article 26 de la Constitution de l'O.I.T.) et dont l'objet du litige soumis peut toucher aux droits de l'homme (interdiction du travail forcé, élimination de la discrimination dans l'accès à l'emploi, abolition du travail des enfants…) mais dont la l'apport revêt une importance résiduelle à l'aune des enjeux qui seront étudiés et développés.

recours interétatique n'est cependant présente que devant certains organes spécialisés que sont essentiellement les comités conventionnels. Sur les neufs créés depuis 1965, seuls sept disposent d'un mécanisme de « communication étatique »[38] : le Comité des droits de l'homme[39] (C.C.P.R.), le Comité pour l'élimination de la discrimination raciale[40] (C.E.R.D.), le Comité des droits économiques, sociaux et culturels[41] (C.E.S.C.R.), le Comité contre la torture[42] (C.A.T.), le Comité des droits de l'enfant[43] (C.R.C.), le Comité des travailleurs migrants[44] (C.M.W.), et le Comité des disparitions forcées[45] (C.E.D.). Mais ce système de protection sur plaintes interétatiques devant les comités conventionnels onusiens est peu attrayant[46]. Ce déficit d'attractivité s'explique tant en raison de la compétence facultative des comités[47], que de l'aspect non-contraignant des décisions rendues qui ne prennent que la forme de rapports de conciliation. Malgré cette désaffection des États,

---

[38] Ne disposent pas d'un tel mode de saisine le Comité pour l'élimination de la discrimination à l'égard des femmes (C.E.D.A.W.) et le Comité des droits des personnes handicapés (C.R.P.D.).

[39] Article 41 du Pacte international relatif aux droits civils et politiques.

[40] Articles 11 à 13 de la Convention internationale sur l'élimination de toutes les formes de discrimination raciale.

[41] Article 10 du Protocole facultatif se rapportant au Pacte international relatif aux droits économiques, sociaux et culturels.

[42] Article 21 de la Convention contre la torture et autres peines ou traitements cruels, inhumains ou dégradants.

[43] Article 12 du Protocole facultatif n°3 se rapportant à la Convention relative aux droits de l'enfant.

[44] Article 76 de la Convention internationale sur la protection des droits de tous les travailleurs migrants et membres de leur famille.

[45] Article 32 de la Convention internationale sur la protection de toutes les personnes contre les disparitions forcées.

[46] R. ERGEC, *Protection européenne et internationale des droits de l'homme*, Bruxelles, Bruylant, 2004, p. 42, s'agissant du Comité des droits de l'homme : « la procédure des communications interétatiques est complexe et largement inefficace (…). Le caractère facultatif de la procédure et la réticence de nombre d'États à s'y soumettre expliquent le nombre relativement faible d'État ayant reconnu la compétence du Comité ».

[47] Seul le Comité pour l'élimination de la discrimination raciale dispose d'une procédure obligatoire pour tout État partie à sa convention : « Si un État partie estime qu'un autre État également partie n'applique pas les dispositions de la présente Convention, il peut appeler l'attention du Comité sur la question » (article 11 alinéa 1er).

mais aussi d'une partie de la doctrine[48], pour cette procédure quasi-juridictionnelle de contrôle, la pratique des comités en la matière, aussi réduite soit-elle, doit être incluse dans l'étude. Dès lors, le terme de « communication », qui figure dans les articles organisant la procédure des comités, sera associé à celui de « recours » entendu au sens large[49]. Mais le système universel ne repose pas uniquement sur le contrôle quasi-juridictionnel des comités onusiens. Preuve en est que plusieurs des conventions onusiennes, alors même qu'elles établissent des comités de protection dotés d'un mécanisme de recours interétatique, contiennent des clauses compromissoires renvoyant à la Cour internationale de Justice le soin de régler les litiges concernant leur interprétation ou leur application[50].

La Cour internationale de Justice, « organe judiciaire principal des Nations Unies »[51], fait également partie des organes de protection des droits de l'homme tels qu'ils sont définis dans ce mémoire[52]. Pourtant, le rôle de la Cour dans ce domaine est *a*

---

[48] H. GROS ESPIELL, « La Commission et la Cour interaméricaine des droits de l'homme. Situation actuelle et perspectives d'avenir », *in Mélanges en hommage à L. E. Pettiti*, Bruxelles, Bruylant, 1998, p. 443 : « Les institutions politiques ou les comités d'experts, qui ne sont pas de nature juridictionnelle, peuvent apporter leur aide à la protection juridictionnelle ou la compléter, mais ne peuvent en aucun cas d'y substituer ».

[49] Association qui semble, sur le plan terminologique, sans contre-indication, si le recours n'exclut pas les procédures quasi-juridictionnelles, et si comme dans le cas de la « communication individuelle » on y assimile les termes de requête ou plainte. Sur ce sujet voir notamment l'historique du terme « communication » dressé dans la thèse de T. STAVRINAKI, *Le régime des procédures de communications individuelles dans le système des traités des Nations unies relatifs aux droits de l'homme*, Paris, Pedone, 2016, pp. 19-31.

[50] Il s'agit de la Convention internationale sur l'élimination de toutes les formes de discrimination raciale (article 22), la Convention internationale sur l'élimination de toutes les formes de discrimination à l'égard des femmes (article 29), la Convention contre la torture et autres peines inhumains, cruels ou dégradants (article 30), la Convention internationale sur la protection des droits de tous les travailleurs migrants et des membres de leur famille (article 92), et la Convention internationale sur la protection de toutes les personnes contre les disparitions forcées (article 42).

[51] Cf. l'article 92 de la Charte des Nations Unies.

[52] Selon un sens bien plus restreint certains ouvrages, qu'ils soient généraux ou spécialisés, n'évoquent aucunement la C.I.J. quand il s'agit d'aborder la protection des droits de l'homme. A titre d'exemples : E. DECAUX,

priori relativement « marginal »[53]. Son influence en matière de protection des droits de l'homme est en effet limitée à la fois par son caractère purement interétatique[54], et par le conditionnement de sa compétence contentieuse à une acceptation de sa juridiction par les États parties au litige [55] . Mais cette marginalisation n'est donc due principalement qu'à sa compétence *ratione personæ*[56]. La compétence matérielle de la Cour est quant à elle bien plus large[57] et lui permet de connaître de différends interétatiques intéressant les droits de l'homme. La Cour peut également, en vertu de l'article 38 de son Statut, user de normes issues du droit international des droits de l'homme pour régler les litiges qui lui sont soumis[58]. Malgré

O. DE FROUVILLE, *Droit international public*, Paris, Dalloz, 12e éd., 2020, pp. 347-359 ; R. ERGEC, *Protection européenne et internationale des droits de l'homme*, Bruxelles, Bruylant, 2004, 237 p.

[53] L. HENNEBEL, « La Cour internationale de Justice face au droit international des droits de l'homme », *in Liber amicorum Marc Bossuyt*, Intersentia, 2013, pp. 299-315

[54] Ce qui pose problème puisque ce sont désormais les individus eux-mêmes qui portent le plus de contentieux devant les juridictions internationales en matière de droits de l'homme. A noter tout de même que l'absence de *jus standi* pour les individus et les ONG n'est pas absolue devant la C.I.J. puisque sa compétence en matière consultative prévue à l'article 96 de la Charte des Nations unies permet aujourd'hui à cinq organes de l'organisation mais également à quinze institutions spécialisées des Nations unies et une organisation apparentée de demander à la Cour « un avis consultatif sur toute question juridique » (pour l'A.G.N.U. ou le C.S.N.U.) ou « des avis consultatifs sur des questions juridiques qui se poseraient dans le cadre de leur activité » (pour les 19 autres organes et institutions).

[55] Or « il est peu fréquent qu'un État accepte volontairement de se voir mis en cause pour des violations des droits de l'homme » selon L. HENNEBEL, H. TIGROUDJA, *op. cit.*, note 24, p. 259.

[56] *Ibid.*, p. 259.

[57] L'article 36 § 1 du Statut n'organise pas la compétence de la Cour selon un domaine ou une branche du droit : « La compétence de la Cour s'étend à toutes les affaires que les parties lui soumettront, ainsi qu'à tous les cas spécialement prévus dans la Charte des Nations Unies ou dans les traités et conventions en vigueur ». L'article 36 § 2 étend ce champ matériel à « *t*ous les différends d'ordre juridique ayant pour objet : l'interprétation d'un traité ; tout point de droit international ; la réalité de tout fait qui, s'il était établi, constituerait la violation d'un engagement international ; la nature ou l'étendue de la réparation due pour la rupture d'un engagement international ».

[58] Article 38 § 1 du Statut de la C.I.J. qui permet notamment d'appliquer « les conventions internationales, soit générales, soit spéciales, établissant des

cela, des réticences persistent au sein de la C.I.J.[59] s'agissant de son rôle particulier dans la protection des droits de l'homme. Pourtant bien d'autres éléments[60] soutiennent sa « place de choix »[61] dans le système universel. Un élément statutaire ou conventionnel d'abord, puisque la Cour participe à la protection des objectifs des Nations Unies inscrits dans la Charte, parmi lesquels figure, non loin du maintien de la paix et de la sécurité internationale[62], le « respect des droits de l'homme et des libertés fondamentales pour tous »[63]. Un élément jurisprudentiel peut ensuite être soulevé, la Cour ayant rendu des décisions d'une importance toute particulière pour les droits de l'homme. Tel est le cas, par exemple, de la décision prise dans l'affaire *Barcelona Traction* et de son fameux *obiter dictum*[64]. Enfin, un élément propre à la composition de la Cour doit être ajouté

---

règles expressément reconnues par les États en litige » ; ce qui permet d'affirmer dès lors que « si le droit international des droits de l'homme n'est pas l'objet principal du rôle de la CIJ, il n'est pas pour autant exclu formellement de son empire » d'après L. HENNEBEL, H. TIGROUDJA, *op. cit.*, note 24, p. 260.

[59] R. GOY, *La Cour internationale de Justice et les droits de l'homme*, Bruxelles, Bruylant, 2002, pp. 8-9.

[60] L'héritage de la C.I.J. s'agissant de la jurisprudence de la C.P.J.I. en matière de droits de l'homme aurait également pu, dans une moindre mesure, soutenir le propos : R. GOY, « La Cour permanente de justice internationale et les droits de l'homme », *in Liber amicorum Marc-André Eissen*, Bruxelles, Bruylant, 1995, pp. 199-232.

[61] P. OUMBA, *Essai sur la contribution de la Cour internationale de justice en matière des droits de l'homme*, Yaoundé, Presses de l'Université Catholique d'Afrique centrale, 2016, p. 174.

[62] Article 1er § 1 de la Charte des Nations unies. Voir notamment la déclaration à l'AGNU du Président M. BEDJAOUI, « La place de la Cour internationale de Justice dans le système général de maintien de la paix institué par la Charte des Nations unies » du 13 octobre 1994 ; voir aussi G. LE FLOCH, « Le rôle des juridictions internationales dans la préservation de la paix », *R.B.D.I.*, 2020/1, pp. 101-130.

[63] Article 1er § 3 de la Charte des Nations unies.

[64] Décision dans laquelle la Cour a affirmé que « des principes et des règles concernant les droits fondamentaux de la personne humaine, y compris la protection contre la pratique de l'esclavage et la discrimination raciale » sont des « obligations des États envers la communauté internationale dans son ensemble » c'est-à-dire des « obligations *erga omnes* » : C.I.J., *Barcelona Traction, Light and Power Company, Limited (Belgique c. Espagne)*, fond, arrêt du 5 février 1970, *Rec.*, 1970, §§ 33-34.

puisque celle-ci a intégré en son sein, au début des années 2000, des juges ayant exercé des fonctions dans des organes propres à la protection des droits de l'homme (comités onusiens ou cours régionales). Ces derniers sont ainsi davantage concernés par les questions relatives aux droits de l'homme[65]. En somme, il serait tout à fait inopportun, dans une étude qui se prétend la plus globale possible, d'écarter la Cour internationale de Justice au simple motif qu'elle n'est pas, à proprement parler, « une cour des droits de l'homme »[66], ou encore que sa jurisprudence est restreinte[67].

Outre ces organes du système universel, les principaux organes dotés d'une procédure de recours interétatiques se situent dans des ensembles régionaux. En effet, c'est dans un « mouvement naturel et inéluctable de sophistication de la garantie régionale des droits »[68] que les continents européen, américain et africain ont successivement consacré des systèmes juridictionnels de protection des droits de l'homme[69]. Plus que

---

[65] A l'image des juges BUERGENTHAL, SIMMA, KOOIJMANS ou encore IWASAWA ; ce qui fera dire au juge HIGGINS, lui-même concerné par ce phénomène en tant qu'ancien membre du Comité des droits de l'homme, que « the presence of these judges on the bench providing a 'critical mass' of persons particularly versed in human rights law, has contributed, I believe, to human rights being viewed as in the centre of what the Court does, not at the margin » : R. HIGGINS, « Human Rights in the International Court of Justice », *Leiden Journal of International Law*, vol. 20, 2007, p. 746.

[66] Malgré les précisions purement terminologiques de F. SUDRE, « Conclusions », *in* J. ANDRIANTSIMBAZOVINA, L. BURGOGUE-LARSEN et S. TOUZE (dir.), *op. cit.*, note 20, pp. 249-250 : « Certes une juridiction internationale non spécialisée peut être amenée ponctuellement, à l'occasion d'une affaire déterminée, à connaître d'une violation des droits de l'homme et à devenir 'juge des droits de l'homme' mais elle ne devient pour autant une juridiction de protection des droits de l'homme ».

[67] R. GOY, *op. cit.*, note 59, p. 125 : « L'apport de la jurisprudence de la Cour de La Haye en matière de droits de l'homme ne saurait être sous-estimé, mais reste trop modeste. […] Cet apport devrait, on le souhaite, se développer et prospérer à travers des occasions et des volontés ».

[68] L. BURGOGUE-LARSEN, *op. cit.*, note 18, p. 15.

[69] *Ibid.*, p. 15 : « Aux côtés des mécanismes conventionnels propres à la logique du droit onusien – optant pour la création de comités en charge de contrôler le respect des traités spécialisés – trois continents décidaient de franchir le pas de la juridictionnalisation de la protection ».

trois cours[70], ce sont trois véritables systèmes régionaux qui ont vu le jour dans la seconde moitié du XXe siècle. Cependant ces trois systèmes sont assurément différents.

Le système européen de protection, entendu ici principalement comme le système du Conseil de l'Europe[71], est sans nul doute celui qui attire le plus l'attention des commentateurs et de la doctrine [72]. Historiquement précurseur d'une justice supranationale en matière de droits de l'homme et aujourd'hui présenté comme le système le plus abouti[73], son organe judi-

---

[70] Dont les traités fondateurs sont la Convention de sauvegarde des droits de l'homme et des libertés fondamentales de 1953 (dite « Convention européenne »), la Convention américaine des droits de l'homme de 1978 (dite « Convention américaine »), et la Charte africaine des droits et devoirs de l'homme et des peuples de 1986 (complétée par le Protocole portant création de la Cour africaine de 2004).

[71] Les organes de l'Union européenne (U.E.) ou de l'Organisation pour la sécurité et la coopération en Europe (O.S.C.E.) ont certes un rôle à jouer en matière de protection des droits de l'homme, mais celui-ci repose principalement sur des mécanismes non-juridictionnels où les recours interétatiques ne sont évidemment pas un enjeu. Le cas de la Cour de Justice de l'Union européenne (C.J.U.E.) aurait pu exceptionnellement retenir l'attention mais celle-ci « a une pluralité de fonctions qui ne sont pas centrées sur les droits de la personne mais plutôt sur la préservation de l'intégrité et de l'homogénéité du droit de l'UE » : L. HENNEBEL, H. TIGROUDJA, *op. cit.*, note 24, p. 356.

[72] Notamment en raison de la juridiction obligatoire de la Cour et des recours individuels extrêmement nombreux devant elle depuis les Protocoles additionnels n° 9 et n° 11 qui ont donné un droit d'accès direct à la Cour aux personnes privées. Voir par exemple G. COHEN-JONATHAN, « La reconnaissance par la France du droit de recours individuel devant la Commission européenne des droits de l'homme », *A.F.D.I.*, 1981, vol. 27, pp. 269-285 ; J.-F. FLAUSS, « Le droit de recours individuel devant la Cour européenne des droits de l'homme – Le protocole n°9 à la Convention européenne des droits de l'homme », *A.F.D.I.*, vol. 36, 1990, pp. 507-519 ; I. CABRAL BARRETO, « Le droit de recours individuel devant la Cour européenne des droits de l'homme », *R.Q.D.I.*, vol. 15-2, 2002, pp. 1-23.

[73] Du moins depuis le Protocole additionnel n°11 qui a institué une Cour permanente et unique pour laquelle l'engagement des États est définitif (effaçant ainsi le mécanisme des déclarations facultatives unilatérales). Ainsi selon E. DECAUX, O. DE FROUVILLE, *op. cit.*, note 19, p. 335 : « On peut donc dire que c'est en 1998 que la Convention est devenue un système judiciaire et non plus quasi judiciaire ».

ciaire principal[74] et unique[75] n'est autre que la Cour européenne des droits de l'homme. Sur le plan pratique, le système européen de protection des droits de l'homme est aussi sûrement celui à la jurisprudence la plus fournie[76], du moins en terme quantitatif[77]. S'agissant plus précisément des modes de saisine de la Cour, celle-ci peut effectivement connaître d'affaires interétatiques sur recours d'un État partie à la Convention à l'encontre d'un autre [78]. C'est précisément s'agissant de l'exercice de ce recours devant la Cour européenne que les questions furent les plus nombreuses. Malgré la vingtaine d'affaires interétatiques jugées ou toujours pendantes devant la Cour, il fut souvent affirmé que ce mécanisme historiquement garant de « l'ordre public européen » avait été remplacé par l'usage accru du recours individuel[79]. Ce dernier a d'ailleurs été

[74] Pour reprendre la formulation attribuée à la C.I.J. dans le cadre de l'Organisation des Nations unies.

[75] Cette Cour partageait son contrôle, avant le Protocole additionnel n°11 à la Convention européenne du 11 mai 1994, avec la Commission européenne des droits de l'homme et le Comité des ministres. Depuis seule la Cour européenne tranche les litiges (le Comité ayant conservé tout de même une mission de surveillance de l'exécution des arrêts de la Cour).

[76] E. LAMBERT-ABDELGAWAD, « La saisine de la Cour européenne des droits de l'homme », *op. cit.*, note 15, p. 212 : « Si certaines juridictions internationales souffrent d'un trop peu de saisine, tel n'est assurément point le sort de la Cour de Strasbourg ». Selon le *Rapport annuel 2021* de la Cour, ce sont plus de 36 000 requêtes qui ont été jugées et près de 70 000 à toujours être pendantes (chiffres qui sont en quasi-constante augmentation).

[77] Dans une approche comparative des cours régionales, il serait simpliste, voire faux, d'affirmer que la Cour européenne est la mieux outillée ne serait-ce qu'en terme de normes de référence ou de compétence. A titre d'exemple, la Cour interaméricaine a « développé une conception extensive de sa compétence contentieuse *ratione materiae* qui s'étend au-delà de la CIADH à d'autres instruments de protection des droits de l'homme » s'érigeant alors en « juge de l'universel » : F. SUDRE, *op. cit.*, note 66, pp. 258-259.

[78] Article 33 de la Convention européenne des droits de l'homme : « Toute Haute Partie contractante peut saisir la Cour de tout manquement aux dispositions de la Convention et de ses Protocoles qu'elle croira pouvoir être imputé à une autre Haute Partie contractante ».

[79] W. A. SCHABAS, *The European Convention on Human Rights : A Commentary*, Oxford, Oxford University Press, 2015, p. 723 : « Some of the architects of the European system may well have thought that the inter-State petition mechanism would constitute the main act before the Convention

consacré par la Cour elle-même comme un élément central de la protection européenne des droits de l'homme[80]. Mais le recours interétatique revêt toujours une importance cruciale dans ce système de protection. Les récentes affaires opposant la Géorgie ou l'Ukraine à la Fédération de Russie, le Liechtenstein à la République tchèque, ou encore l'Arménie à la Turquie et l'Azerbaïdjan, démontrent que l'intérêt de la requête interétatique est loin d'avoir disparu[81]. De plus, de telles affaires cachent derrière elles de nombreux recours individuels dont les solutions dépendent indéniablement de celles qui seront données aux demandes étatiques[82]. Ainsi, dans ce système européen le recours interétatique et le recours individuel sont nullement alternatifs, mais plutôt complémentaires[83]. Toutefois l'exercice du recours interétatique est bien moindre dans les deux autres systèmes régionaux.

Si la protection interaméricaine des droits de l'homme est en principe prévue au sein de l'Organisation des États américains (O.E.A.) et de sa Charte[84], c'est bel et bien dans le cadre de la Convention américaine relative aux droits de l'homme (Conv. A.D.H.) qu'elle connaît un exercice effectif. Dans ce

organs. […] the individual application became far and away the major activity of the Court ».

[80] C.E.D.H., *Mamatkulov et Askarov c. Turquie* [GC], n°46827/99 et 46951/99, 4 février 2005, § 122 : « Par ailleurs, la Cour tient à souligner que, prévu à l'origine par la Convention en tant qu'élément facultatif du système de protection, le droit de recours individuel a acquis au fil des ans une grande importance et figure parmi les clefs de voûte du mécanisme de sauvegarde des droits et libertés énoncés dans la Convention ».

[81] En témoigne également la récente conférence du Conseil de l'Europe des 12 et 13 avril 2021 concernant les « Affaires interétatiques en vertu de la Convention européenne des droits de l'homme » dont les très nombreuses participations soulignent les « nouvelles vagues d'affaires interétatiques » devant la Cour.

[82] En ce sens, I. RISINI, G. ULFSTEIN, « Inter-State Applications under the European convention on Human Rights : Strengths and Challenges », *EJIL : Talk !*, Blog of The European Journal of International Law, 2020 (en ligne).

[83] P.-H. IMBERT, *op. cit.*, note 14, p. 447.

[84] Charte de Bogota du 30 avril 1948 (entrée en vigueur le 13 décembre 1951). Forte de ses 35 États membres, le but de l'OEA est de parvenir à un « ordre de paix et de justice », ce qui implique notamment selon sa Charte que les États « proclament les droits fondamentaux de la personne humaine sans aucune distinction de race, de nationalité, de religion ou de sexe » (article 3 § 1).

système de protection, le recours interétatique ne peut être exercé que devant la Commission interaméricaine des droits de l'homme (Com. I.D.H.) et la Cour interaméricaine des droits de l'homme (C.I.D.H.). Ces deux organes, respectivement quasi-juridictionnels[85] et juridictionnels, sont en effet compétents pour connaître des affaires interétatiques en vertu de la Conv. A.D.H.[86]. Seuls les États et la Commission sont d'ailleurs compétents pour saisir la Cour, les « pétitions individuelles » n'étant possibles que devant la Commission. Mais la procédure interaméricaine ressemble davantage au modèle européen pré-Protocole n°11 qu'à celle que la Cour européenne connaît aujourd'hui. En effet, les recours interétatiques doivent d'abord être transmis à la Commission, et ensuite à la Cour[87]. Une saisine directe de la Cour aurait pour effet d'altérer la répartition conventionnelle des fonctions de protection, et plus simplement de court-circuiter le contrôle de la Commission[88]. Par ailleurs, que ce soit devant la Commission ou la Cour, les États doivent avoir reconnu sa compétence pour espérer que leurs litiges y soient reçus. Enfin, le constat numérique est également bien différent du système européen puisque la Commission interaméricaine n'a connu que deux affaires interétatiques[89] et aucune n'a été transmise à la Cour[90]. Si bien

---

[85] La Commission est cependant tiraillée entre ses fonctions d'« organe quasi-judiciaire » et d' « organe diplomatique » expliquant en partie l'asphyxie de son prétoire : D. SHELTON, « The Rules and the Reality of Petition Procedures in the Inter-American Human Rights System », *Notre Dame J.I. & CL*, vol. 5, 2015, pp. 1-28 ; reprise à juste titre par L. BURGOGUE-LARSEN, *op. cit.*, note 18, p. 147.

[86] Article 45 pour la Com. I.D.H., et article 61 pour la C.I.D.H., du Pacte de Bogota du 22 novembre 1969 (entré en vigueur le 18 juillet 1978). Précisons toutefois que la Commission existait bien avant la Cour puisqu'elle vit le jour dès 1959 et fut consacrée en 1967 par le protocole de Buenos Aires de 1967 en tant qu'« organe principal » de l'OEA (article 106 de la Charte).

[87] Com. I.D.H., *Nicaragua c. Costa Rica*, (irrecevabilité), 8 mars 2007, affaire interétatique 01/06, rapport n°11/07, § 133 : « it would be wrong to conclude that the proceeding before the Commission could be dispensed with in all interstate cases »

[88] C.I.D.H., *Viviano Gallardo et al.*, n°G 101/81, 15 juin 1981, Série A.

[89] Com. I.D.H., *Nicaragua c. Costa Rica* (irrecevabilité), 8 mars 2007, affaire interétatique 01/06, rapport n°11/07 ; Com. I.D.H., *Équateur c. Colombie* (recevabilité), 21 octobre 2010, affaire interétatique P1-02, rapport n°112/10.

des raisons peuvent expliquer ce maigre palmarès[91], il est à noter tout de même que la Cour a connu plusieurs fois des demandes d'avis consultatifs formées par les États au titre de l'article 64 de la Conv. A.D.H. [92]. En clair, le système interaméricain connaît des caractéristiques qui lui sont propres sur les plans institutionnel et procédural[93], mais aussi sur celui des recours interétatiques.

La place du recours interétatique est d'ailleurs tout aussi limitée en pratique dans le système africain[94]. Seule une affaire de la sorte est à recenser[95] depuis la création de la Commission africaine des droits de l'homme et des peuples (Com. A.D.H.P.) en 1987[96] et de la Cour africaine des droits de l'homme et des peuples (C.A.D.H.P.) en 2006[97]. Pourtant dans ce système, où la

---

[90] Malgré la décision de recevabilité l'affaire opposant l'Équateur et la Colombie a été archivée en raison d'un accord amiable entre les deux États : *Équateur c. Colombie* (archivage), 4 novembre 2013, affaire interétatique 12.779, rapport n°96/13.

[91] Celles-ci seront étudiées dans le reste du présent mémoire, mais l'éclairante et pédagogique synthèse de L. BURGOGUE-LARSEN peut déjà être citée : « Le traitement des différends interétatiques dans le cadre du Système interaméricain », *Affaires interétatiques en vertu de la Convention européenne des droits de l'homme*, Actes de la Conférence organisée sous l'égide de la Présidence allemande du Comité des Ministres, Conseil de l'Europe, 2021, pp. 34-38.

[92] En ce sens, J. CONTESSE, « Inter-State Cases in Disguise under Inter-American Human Rights Law », *Völkerrechtsblog*, International Law & International Legal Thought, 2021 (en ligne).

[93] Ces différences sont issues notamment d'un contexte historique et géopolitique particulier marqué par les dictatures militaires et les violations généralisées des droits de l'homme : L. SHAVER, « The Inter-American Human Rights System : An Effective Institution for Regional Rights Protection », *Washington University Global Studies Law Review*, 2010, Vol. 4-9, p. 670.

[94] Ce qui s'explique peut-être par l'évolution globale peu ou prou similaire qu'ont connu les systèmes interaméricain et africain : T. BUERGENTHAL, « The Evolving International Human Rights System », *A.J.I.L.*, 2006, vol. 100, n°4, p. 797.

[95] Com. A.D.H.P., *République Démocratique du Congo c. Burundi, Rwanda et Ouganda*, communication n°227/99, rapport du 29 mai 2003.

[96] Article 49 de la Charte africaine des droits de l'homme et des peuples du 27 juin 1981 (entrée en vigueur en 1986).

[97] Article 5 du Protocole de Ouagadougou de 10 juin 1998 relatif à la Charte africaine des droits de l'homme et des peuples portant création d'une Cour

protection des droits n'est pas l'apanage d'un organe unique mais bien de deux organes quasi-judiciaire et judiciaire (faisant penser à son homologue américain et à son ancêtre européen) il était possible de fonder quelques espoirs dans le mécanisme interétatique. La principale raison[98] n'est autre que la juridiction obligatoire de la Cour qui peut être saisie automatiquement par la Commission et par les États sans déclaration d'acceptation préalable. Il en va de même pour la Commission qui peut être saisie directement par les 54 États membres de l'Union africaine (U.A.). Malgré cet avantage, que seuls la Cour européenne des droits de l'homme et le C.E.R.D. partagent avec la Cour africaine, la catégorie des recours interétatiques reste extrêmement « marginale »[99]. Il est possible d'expliquer en partie le refus des États d'y recourir en raison des délais particulièrement longs devant la Commission[100]. Quoi qu'il en soit, le système africain a encore bien des problèmes à résoudre pour espérer atteindre une véritable efficacité et pérennité[101]. La

africaine des droits de l'homme et des peuples. La Cour ne vit le jour véritablement qu'en 2004.

[98] Car il y en d'autres. Il fut notamment souligné que contrairement au système interaméricain tout a été fait pour « éviter les phénomènes de jalousie institutionnelle et de chevauchement procédural » : L. Burgogue-Larsen, *op. cit.*, note 18, p. 154.

[99] R. Ben Achour, « La Convention européenne et la Charte africaine : Étude comparée », *R.Q.D.I.*, Hors-série décembre 2020, p. 569.

[100] La seule affaire interétatique que la Commission eut à étudier prit près de 4 ans entre la saisine initiale (1999) et la décision finale (2003), puis 3 ans supplémentaires afin que cette dernière soit publiée (2006) : « [It] meant that the most pressing circumstances have in fact already been resolved/ fundamentally changed » selon F. Viljoen, « Inter-state communications under the African human rights system », *Affaires interétatiques en vertu de la Convention européenne des droits de l'homme*, Actes de la Conférence organisée sous l'égide de la Présidence allemande du Comité des Ministres, Conseil de l'Europe, 2021, p. 33.

[101] Tout en sachant qu'à terme et à condition que le Protocole de Sharm El Sheikh de 2008 soit ratifié par plus de 15 États membres de l'U.A., la C.A.D.H.P. sera remplacée par une Cour africaine de justice et des droits de l'homme. Actuellement, seuls 8 États ont ratifié ce protocole : Angola, Bénin, Burkina Faso, Congo, Gambie, Libye, Liberia, Mali.

question de l'exercice des recours interétatiques en son sein ne semble malheureusement pas encore au goût du jour[102].

Il est en somme difficile de parler d'uniformité s'agissant de l'étude des recours interétatiques devant les différents organes régionaux de protection des droits de l'homme. La manœuvre est semble-t-il, encore plus délicate s'il faut rapprocher système régional et système universel. Pourtant, il existe bien un dénominateur commun, peu importe l'endroit du globe envisagé : l'État. En effet, par définition, quel que soit l'organe de protection devant lequel le litige est apprécié, le recours interétatique est formé par un État. Ce dernier, qu'il soit américain, africain, arabe, asiatique, ou européen, fait face à des interrogations récurrentes. Alors qu'il constate une potentielle violation des droits de l'homme, le concernant directement ou indirectement, une montagne de questions se dresse devant lui. Faut-il dénoncer ou non cette violation ? Faut-il intervenir politiquement, militairement, et/ ou judiciairement ? Si la dernière option est choisie, devant quelle juridiction internationale ou supranationale faut-il agir ? Quels seront les effets de ce recours, juridiquement mais aussi diplomatiquement ? Autant de questions nécessaires, car saisir un organe de protection des droits de l'homme relève aujourd'hui du parcours du combattant. Un parcours dans lequel il faut faire preuve « de courage et surtout de volonté politique » [103], tant les recours étatiques apparaissent comme « des actes inamicaux, des ingérences inadmissibles »[104]. L'État doit donc mettre en balance divers intérêts, peser le pour et le contre, avant de finalement saisir l'organe de protection le plus approprié. Bien souvent cet arbitrage stratégique penche en faveur d'un non-recours, à la fois en

---

[102] En témoigne l'absence de mention dans l'exposé du juge F. OUGERGOUZ dont le nom est d'ailleurs très évocateur : « La Cour africaine des droits de l'homme et des peuples : un futur sans avenir ? », *in* J. ANDRIANTSIMBAZOVINA, L. BURGOGUE-LARSEN et S. TOUZE (dir.), *op. cit.*, note 20, pp. 239-244.

[103] P.-H. IMBERT, *op. cit.*, note 14, p. 450, qui reprend les termes employés par les services de presse du Conseil de l'Europe après la Résolution 1689 (2009) de son Assemblée.

[104] *Ibid.*, p. 449, du moins quand il s'agit d'un recours dans le cadre d'une garantie collective.

raison de limites purement procédurales ou institutionnelles, mais aussi de raisons plus politiques ou économiques[105].

Ce choix de l'État de recourir ou non à un organe de protection des droits de l'homme dépend aussi du contexte dans lequel la saisine interviendrait. Il est possible de distinguer dès lors trois raisons principales[106] qui peuvent pousser l'État à agir. Il s'agit d'abord classiquement du contexte dans lequel l'État agit de manière à défendre ses propres intérêts, économiques ou politiques, et donc plus précisément d'intérêts dépendant du respect des droits de l'homme sur son territoire ou s'agissant de ses ressortissants. Il est bien souvent question dans ce premier cas de violations massives des droits de l'homme notamment en période de conflits armés[107]. Malheureusement des exemples récents ne manquent pas, que ce soit devant les organes du système universel[108] ou devant les organes régionaux[109]. Il s'agit

---

[105] S. LECKIE, *op. cit.*, note 26, pp. 251-255, telle est la formulation des obstacles aux recours interétatiques retenue par l'auteur parmi lesquelles on retrouve notamment l'absence de juridiction obligatoire, ou la balance plus favorable aux intérêts politiques et économiques qu'à la défense des droits de l'homme : « Contemporary state practice indicates with several notable exceptions that the protection of human rights in other countries is not as important to individual states as their political or economic relations ».

[106] *Ibid.*, S. LECKIE distingue trois types de recours interétatiques là où il est aussi possible d'en voir cinq d'après P. LEACH, « On inter-state litigation and armed conflict cases in Strasbourg », *European Convention on Human Rights Law Review*, 2021, vol. 2, n°1, pp. 30-31.

[107] H. GAUDIN, *op. cit.*, note 20, p. 173 : « Le recours entre États adhérents se substitue d'une certaine manière au droit international humanitaire des conflits armés tant il est vrai que (...) la CIJ a jugé complémentaires ces deux protections » ; voir aussi C.I.J., *Conséquences juridiques de l'édification d'un mur dans le territoire palestinien occupé*, avis consultatif du 9 juillet 2004, *Rec.* 2004, p. 136, § 106 : « la protection offerte par les conventions régissant les droits de l'homme ne cesse pas en cas de conflit armé ».

[108] La C.I.J. a récemment ordonné des mesures conservatoires dans les différends opposant l'Azerbaïdjan et l'Arménie s'agissant des hostilités armées dans le Haut-Karabakh en septembre et octobre 2020 (C.I.J., *Application de la convention internationale sur l'élimination de toutes les formes de discrimination raciale, Azerbaïdjan c. Arménie*, mesures conservatoires, ordonnance du 7 décembre 2021), ou encore l'Ukraine et la Fédération de Russie s'agissant de l'invasion militaire sur le territoire ukrainien qui persiste depuis février 2022 (C.I.J., *Allégations de génocide au titre de la Convention pour la prévention et le répression du crime de*

ensuite du cas moins récurrent dans lequel l'État agit dans l'intérêt de ses propres ressortissants. Ce sont donc des violations plus ciblées ayant eu lieu en général sur le territoire d'un autre État. Le mécanisme de recours interétatique s'inscrit alors dans une dynamique similaire à celle de la protection diplomatique[110]. Si ce contexte est plus rare, quelques illustrations peuvent être trouvées, dans le litige opposant l'Équateur et la Colombie devant la Commission interaméricaine des droits de l'homme[111], dans l'affaire opposant la République de Guinée et la République démocratique du Congo devant la C.I.J.[112], ou encore dans le différend entre le Danemark et la Turquie devant la C.E.D.H.[113]. Il s'agit enfin du cas dans lequel l'État agit sans poursuivre d'intérêt purement personnel. En clair, le recours serait formé dans une démarche de « garantie collective »[114] des droits de l'homme, afin de protéger un ordre public international ou régional. Dans une telle situation, l'État requérant agit

---

génocide, Ukraine c. Fédération de Russie, mesures conservatoires, ordonnance du 16 mars 2022).

[109] La C.E.D.H. a eu à connaître des violations des droits de l'homme qui ont résulté des conflits armés ayant opposé la Géorgie et la Russie en 2008 en Ossétie du Sud (C.E.D.H., *Géorgie c. Russie (II)* [GC], n°38263/08, 21 janvier 2021), et l'Ukraine et la Russie en 2014 en Crimée (C.E.D.H., *Ukraine c. Russie (Crimée)* (déc.) [GC], n°20958/14 et n°38334/18, 16 décembre 2020). De même pour la Com. A.D.H.P. s'agissant des exactions commises sur le territoire congolais par les forces armées rwando-ougandaises en 1998 (Com. A.D.H.P., *République Démocratique du Congo c. Burundi, Rwanda et Ouganda*, communication n°227/99, rapport du 29 mai 2003).

[110] W. A. SCHABAS, *op. cit.*, note 79, p. 725.

[111] Était en cause l'exécution extrajudiciaire en mars 2008 d'un ressortissant équatorien, Franklin Guillermo Aisalla Molina, par des agents de l'armée colombienne lors d'une opération d'envergure contre les FARC sur le territoire équatorien (Com. I.D.H., *Équateur c. Colombie,* recevabilité, 21 octobre 2010, affaire interétatique P1-02, rapport n°112/10).

[112] Il s'agissait des conditions de détention puis d'expulsion du territoire de la RDC d'un homme d'affaire guinéen en 1995 et 1996, dont la Cour a jugé qu'elles étaient contraires aux droits de l'homme garantis par le P.I.D.C.P. et la Charte africaine des droits de l'homme et des peuples (C.I.J., *Ahmadou Sadio Diallo, République de Guinée c. République démocratique du Congo*, fond, arrêt du 20 novembre 2010, Recueil 2010, p. 639).

[113] Le Danemark agissait à l'encontre de la Turquie qui aurait détenu et torturé un ressortissant danois lors d'un voyage sur son territoire en juillet 1996 (C.E.D.H., *Danemark c. Turquie* (déc.), n°34382/97, 8 juin 1999).

[114] Dont la traduction anglaise n'est autre que « collective enforcement ».

contre un État qui ne respecte pas les droits et obligations *erga omnes*[115] établis par une convention, alors même que cette violation ne lui porte pas directement préjudice. Ce recours suit donc une démarche plus globale de protection des droits de l'homme où l'affaire dépasse le simple règlement d'un différend *stricto sensu*[116]. C'est dans le système du Conseil de l'Europe que l'on trouve les exemples les plus parlants tant l'esprit global de la protection y est tourné vers un « ordre public européen »[117] où les États se surveillent entre eux[118]. L'affaire la plus marquante est sûrement celle ayant opposé le Danemark, la Norvège, la Suède et les Pays-Bas à la Grèce devant la Commission européenne des droits de l'homme après le coup d'État militaire de 1967 s'agissant des nombreuses violations des droits de l'homme qui en découlèrent[119]. Ces trois raisons qui poussent un État à agir devant un organe de protection des droits de l'homme ne sont pas strictement distinctes et figurent cumulativement dans certaines affaires[120]. Elles viennent s'ajouter à bien d'autres éléments qui constitueront à terme cette balance des intérêts précédant le choix ou non de franchir le Rubicon.

---

[115] W. A. SCHABAS, *op. cit.*, note 79, p. 725.

[116] I. RISINI, *op. cit.*, note 26, p. 5 : « The collective enforcement of human rigths is a public function triggered by one or more High Contracting Parties ; the collective enforcement function (…) is distinct from and goes beyond the settlement of a given dispute ».

[117] Ou plus précisément « a common public order of the free democracies of Europe » : Com. E.D.H., *Autriche c. Italie*, requête n°788/60, décision du 11 janvier 1961, p. 18.

[118] I. RISINI, G. ULFSTEIN, A. ZIMMERMANN, « Of foxes guarding chickens, and Their Fellow Foxes », *Völkerrechtsblog*, International Law & International Legal Thought, 2021 (en ligne) : « Indeed, it is first and foremost the responsibility of the member States of the Council of Europe, as the 'foxes' called upon to keep and eye on their 'fellow foxes' to collectively guarantee the rights contained in the Convention ».

[119] Com. E.D.H., *Danemark, Norvège, Suède et Pays-Bas c. Grèce (I)*, rapport du 5 novembre 1969, req. n°3321/67 à 3323/67 et 3344/67.

[120] A titre d'exemples : Com. E.D.H., *Grèce c. Royaume-Uni (I)*, rapport du 26 septembre 1958, req. n°176/56 ; Com. E.D.H., *Grèce c. Royaume-Uni (II)*, rapport du 8 juillet 1959, req. n°299/57 ; Com. E.D.H., *Autriche c. Italie*, rapport du 30 mars 1963, req. n°788/60.

Après cette vue d'ensemble, d'abord des organes de protection des droits de l'homme dotés d'un mécanisme de plainte étatique, puis des États et de leurs intérêts dans l'utilisation de ce dernier, il pourrait sembler tout à fait cohérent de concevoir le recours interétatique comme le fondement premier de toute protection judiciaire ou quasi-judiciaire des droits de l'homme. Pourtant le constat numérique dressé au début de cette introduction n'a pas disparu. Il montre toujours une distorsion entre ces attentes théoriques[121] et l'exercice pratique du recours par les États. Comment l'expliquer ? Le recours interétatique a-t-il perdu de son intérêt, que ce soit pour les États, ou pour les droits de l'homme eux-mêmes ? Les inconvénients d'une telle procédure auraient-ils surpassé les avantages uniques de ce recours dans la protection des droits les plus sacrés ? Tels seront les axes d'étude de ce mémoire. Car, ces questions amènent à une réponse claire : le recours interétatique n'a aucunement perdu de son intérêt [122] **(Titre I)** mais les obstacles à sa formation sont trop nombreux pour que les États en usent complètement et parfaitement **(Titre II)**.

---

[121] Déjà en 1988, S. LECKIE semblait espérer : « Although this perspective may involve a bit of wishful thinking, it is realistic enough for states now to take the initiative and to begin considering this procedure as a viable and effective option for the protection of human rights », *op. cit.*, note 26, p. 301.

[122] « (...) car une inexorable nécessité nous assiège », *loc. cit.*, note 1.

TITRE I

Les intérêts du recours interétatique

Sauf à supposer que les rédacteurs conventionnels n'avaient d'autres choses à faire que de prévoir l'inutile, la seule existence du recours interétatique dans les procédures de contrôle des organes de protection suffit à attester d'un besoin initial. Cet intérêt premier n'est pas difficile à deviner. Il s'agit simplement d'assurer une voie de recours aux États leur permettant de participer à une garantie effective des droits [123] devant les organes qu'ils ont eux-mêmes institués [124]. Ce mécanisme permet indéniablement de renforcer la valeur juridique, la normativité, des conventions relatives aux droits de l'homme. Sans le recours interétatique, ces conventions feraient, en théorie, davantage office de déclarations symboliques, dont le respect ne pourrait être assuré que par une « sanction magique »[125]. Dès lors, affirmer que le recours interétatique en

[123] S. LECKIE, *op. cit.*, note 26, p. 255 : « A central justification for inclusion of this procedure in international human rights instruments is that such instruments must possess some form of enforcement procedure if they are to achieve their aims ».

[124] On peut imaginer que sans une telle voie de recours dédiée aux États, ces derniers seraient sûrement bien plus hésitants à instituer des organes de protection devant lesquels ils peuvent être jugés (requête individuelle) ou contrôlés (sur rapport ou sur enquête par exemple), mais qu'ils ne peuvent en aucun cas saisir.

[125] C. FAURE, *Ce que déclarer des droits veut dire*, Paris, Les belles lettres, 2011, p. 366 : « sanction magique dans la déclaration des droits, faisant appel en cas de non-respect à la malédiction divine et fondant une nouvelle justice terrestre ».

matière de droits de l'homme eut un jour un intérêt relève de l'évidence. Il ne s'agissait d'ailleurs pas seulement d'un intérêt unique, puisque les États, les individus, les organes de protection, et les droits de l'homme eux-mêmes, bénéficiaient tous du recours interétatique. Cependant, dire que cet intérêt du recours interétatique existe toujours, est une tout autre affaire. Car à l'ère du recours individuel comme principal moyen de saisine des organes de protection des droits de l'homme, la procédure de plainte étatique n'apparaît plus qu'en arrière-plan [126]. Elle ne serait qu'un second couteau utilisé irrégulièrement selon les systèmes et selon les années. Tout porte alors à croire que l'intérêt du recours interétatique ne se révèle que de manière purement circonstancielle. Mais cela n'empêche pas l'observateur, profane ou avisé, de comprendre aisément que le recours interétatique en matière de droits de l'homme répond à un besoin toujours persistant de protection, aussi bien dans une stratégie collective (Chapitre I) que purement nationale (Chapitre II).

---

[126] Ce que craignait justement F. TULKENS, « La nouvelle Cour européenne des droits de l'Homme : attentes, réalités et perspectives », *R.Q.D.I.*, 2000, vol. 13-1, p. 338 : « Aujourd'hui, il faut éviter que la généralisation du recours individuel n'ait pour effet de 'marginaliser' le recours étatique ».

CHAPITRE I

Le recours interétatique comme stratégie collective de protection des droits de l'homme

« Tous les êtres humains ». Voilà comment commence l'article 1er de la Déclaration universelle des droits de l'homme de 1948 (D.U.D.H.)[127]. S'ensuivent vingt-neuf autres articles au début desquels le vocabulaire employé exprime clairement l'idée d'un ensemble humain et irréductible. En son sein, « toute personne » bénéficie de droits inaliénables, et « nul » ne peut subir des actes contraires à ces derniers. Cette universalité des droits de l'homme est également formulée dans l'article 1er § 3 de la Charte des Nations unies puisque ceux-ci y sont garantis à « tous, sans distinction de race, de sexe, de langue, ou de religion »[128]. Autrement dit, les droits de l'homme existent objectivement, ne conditionnant aucunement leur jouissance par les individus au bon vouloir des États.

Les conséquences d'une telle affirmation sont multiples et propres au droit international des droits de l'homme. Certains principes de droit international public général s'y trouvent par exception inappliqués. Le principe de réciprocité par exemple,

---

[127] Article 1er D.U.D.H. : « Tous les êtres humains naissent libres et égaux en dignité et en droits. Ils sont doués de raison et de conscience et doivent agir les uns envers les autres dans un esprit de fraternité ».

[128] Le préambule de la C.N.U. aurait aussi pu être mentionné à cet égard, les États tenant à « proclamer à nouveau notre foi dans les droits fondamentaux de l'homme » en faisant notamment référence à la qualité et valeur de « la personne humaine ».

en ce qu'il est l'expression d'une logique contractuelle ou conventionnelle, et donc contraire aux caractères universel et objectif précédemment évoqués, ne s'applique exceptionnellement pas en matière de droits de l'homme[129]. De même le mécanisme de dénonciation ou de retrait ne semble pas envisageable s'agissant des traités relatifs aux droits de l'homme en raison leur nature[130], à moins qu'une clause soit spécifiquement prévue à cet effet[131]. Les dénonciations en la matière furent en effet peu nombreuses [132] mais les rares exemples interrogent tout de même les limites du caractère objectif[133]. En tout état de cause, la conséquence la plus

---

[129] F. SUDRE, *op. cit.*, note 23, p. 53 : « Le Droit international des droits de l'homme, à l'inverse du régime de principe du droit international général, est rebelle à toute idée de contrat et ignore le principe de réciprocité. La jouissance des droits de l'homme ne saurait être subordonnée au respect de la réciprocité des obligations contractées par les États les uns envers les autres » ; voir en ce sens l'article 60 § 5 de la Convention de Vienne de 1969 sur le droit des traités, qui fait exception au principe de réciprocité dans l'extinction ou la suspension de l'application d'un traité après sa violation, s'agissant de « dispositions relatives à la protection de la personne humaine ».

[130] A titre d'exemple le Comité des droits de l'homme a pu affirmer en 1997 s'agissant du P.I.D.C.P. et d'un éventuel retrait de la Corée du Nord qu'il est « clair que le Pacte n'est pas le type de traité qui en raison de sa nature implique un droit de dénonciation », voir Observations générales adoptées au titre du paragraphe 4 de l'article 40 du Pacte international relatif aux droits civils et politiques du 29 octobre 1997 (n°26), Rapport du Comité des droits de l'homme, vol. 1, p. 90, A/53/40.

[131] Tel est le cas au niveau régional de la Conv. E.D.H. (article 58) et de la Conv. A.D.H. (article 78). Au niveau universel on retrouve aussi la Convention contre la torture et autres peines ou traitements cruels, inhumains ou dégradants (article 31), ou encore la Convention sur les droits de l'enfant (article 52).

[132] P. FRUMER, « Dénonciation des traités et remise en cause de la compétence par des organes de contrôle : à propos de quelques entraves étatiques récentes aux mécanismes internationaux de protection des droit de l'Homme », *R.G.D.I.P.*, vol. 104-4, 2000, p. 940, pour qui la dénonciation des traités relatifs à la protection des droits de l'homme « pouvait être reléguée au rang des 'curiosités juridiques' relevant de la pure spéculation intellectuelle, tant la pratique étatique en la matière demeurait marginale ».

[133] A titre d'exemples voir les dénonciations de Trinité-et-Tobago en 1998 et du Venezuela en 2012 pour la Conv. A.D.H. ; mais aussi de la Charte de l'O.E.A. par le Venezuela (voir E. MEIER GARCIA, « El inconstitucional e inconvencional retiro de Venezuela de la OEA » *Revista da Faculdade de Direito da Universidade Federal de Minas Gerais*, vol. 71, 2017, pp. 103-

intéressante de ce caractère objectif en l'espèce n'est autre que sa traduction en « garantie collective ». Car chaque convention relative aux droits de l'homme institue une sauvegarde commune qui dépasse le « simple échange d'engagements interétatiques »[134]. Et c'est justement dans la procédure des recours interétatiques devant les organes de protection que cette « solidarité commune »[135] trouve sa plus belle concrétisation. Tout État peut, en théorie, agir contre tout autre État qui aurait porté atteinte à un ou des droits garantis par une convention qu'il a ratifiée. Nul besoin d'intérêt propre à ses ressortissants ou à son territoire pour agir. La garantie collective prend la forme d'une *actio popularis* entre les mains des États. Tel est l'intérêt premier du recours interétatique : assurer l'effectivité de cette garantie collective. Seul l'État en tant que justiciable semble être en mesure de former des recours aussi importants pour une protection globale et commune des droits.

Cette garantie collective, qui est donc l'intérêt le plus noble que puisse poursuivre un recours interétatique, n'est nullement un fantasme fondé sur l'« humanitarisme »[136] puisqu'il est consacré dans les systèmes de protection des droits de l'homme (Section I). Son existence est d'ailleurs bienheureuse car elle incite les États à se saisir du mécanisme et donc à participer activement à la protection des droits de l'homme (Section II).

---

142) ; de la Turquie en 2021 pour la Convention du Conseil de l'Europe sur la prévention et la lutte contre les violences à l'égard des femmes et la violence domestique (voir J. CAZALA, « Le retrait turc de la Convention d'Istanbul : un pas en arrière dans la lutte contre la violence à l'égard des femmes », *Le club des juristes*, 30 mars 2021, selon lequel cette dénonciation « pourrait n'être que le signe avant-coureur d'un mouvement plus large de dénonciation par la Turquie d'autres instrument de protection des droits fondamentaux ») ; ou encore de la Russie qui en quittant en 2022 le Conseil de l'Europe en vertu de l'article 7 de son Statut dénonce indirectement par la même occasion la Conv. E.D.H. en vertu de son article 58 § 3 : « cesserait d'être Partie à la présente Convention toute Partie contractante qui cesserait d'être membre du Conseil de l'Europe ».

[134] F. SUDRE, *op. cit.*, note 23, p. 51.

[135] *Ibid.*, p. 51.

[136] H. DE BALZAC, *Les Employés*, 1838, dans lequel l'humanitarisme est décrit comme un « stupide amour collectif » ; ce que certains appellent aujourd'hui « droit-de-l'hommisme ».

SECTION I. UNE GARANTIE COLLECTIVE INSCRITE DANS LES SYSTEMES DE PROTECTION

Les États du monde entier ont de prime abord un « intérêt commun »[137] dans la protection des droits de l'homme, et le recours interétatique en est l'une des expressions fondamentales. Cependant, ni l'idée de garantie collective, ni le mécanisme de plainte étatique, ne sont conçus de la même manière selon les systèmes de protection envisagés. Schématiquement, la garantie collective est souvent présentée au travers du prisme du système qui l'a le mieux concrétisée, c'est-à-dire le système européen (§ 1). Néanmoins, elle ne lui est aucunement exclusive, quand bien même les garanties collectives des autres systèmes universels et régionaux semblent faire, en comparaison, pâles figures (§ 2).

§ 1 – Une garantie collective européenne quasi-parfaite

Le préambule de la Conv. E.D.H. laissa dès 1950 présager de l'ambition européenne en matière de protection des droits de l'homme. S'inspirant expressément de la D.U.D.H. ses rédacteurs affirmèrent l'impérieuse nécessité de parvenir à « la sauvegarde et le développement des droits de l'homme et des libertés fondamentales ». Pour cela, il fallait évidemment « une conception commune et un commun respect des droits de l'homme », mais peut-être plus encore il fallait être prêt « à prendre les premières mesures propres à assurer la garantie

---

[137] C.I.J., *Réserves à la Convention pour la prévention et la répression du crime de génocide*, avis consultatif du 28 mai 1951, *Rec.* 1951, p. 23, dans lequel la Cour a explicité très pédagogiquement ce que doit être l'esprit de la garantie collective s'agissant d'une convention relative aux droits de l'homme : « Dans une telle convention, les États contractants n'ont pas d'intérêts propres ; ils ont seulement tous et chacun, un intérêt commun, celui de préserver les fins supérieures qui sont la raison d'être de la convention. Il en résulte que l'on ne saurait pour une convention de ce type parler d'avantages ou de désavantages individuels des États, non plus que d'un exact équilibre contractuel à maintenir entre les droits et les charges. La considération des fins supérieures de la Convention est, en vertu de la volonté commune des parties, le fondement et la mesure de toutes les dispositions qu'elle renferme ».

collective » des droits. Parmi ces mesures capables de consacrer une véritable garantie collective figure sans nul doute le mécanisme de recours interétatique[138]. A une époque où l'individu ne dispose pas encore d'un *locus standi* devant les juridictions internationales, seul ce stratagème de garantie collective permet qu'un « autre Gouvernement [puisse] relever le gant au nom de l'offensé et porter plainte contre le Gouvernement de ce dernier »[139]. Cependant, la garantie collective en tant que moteur du recours interétatique devant la Com. E.D.H. puis devant la C.E.D.H. ne s'est pas faite en un jour. C'est au travers d'une consécration par les décisions et arrêts de ces deux organes mais aussi et logiquement par l'usage du recours interétatique dans les premières années de son existence que la garantie collective a pu être consacrée et donner un intérêt supérieur à l'action contentieuse des États.

Le recours interétatique fut, dès 1950, conçu de manière à pouvoir assurer un rôle de garantie collective au sein du système de protection européen. Les rédacteurs de la Conv. E.D.H., inspirés par le Statut de Rome et le P.I.D.C.P.[140], fondèrent tous leurs espoirs sur la saisine de la Commission par les États parties. L'article 24[141] (désormais article 33) témoigna dès l'origine de la Convention de cet esprit fondateur en ne soumettant les États à aucune condition d'intérêt direct à agir ou d'acceptation de la compétence de la Commission[142]. Le recours interétatique

---

138 H. LABAYLE, « Article 24 », *in* E. DECAUX, P.-H. IMBERT et L.-E. PETTITI (dir.), *La Convention européenne des droits de l'homme : Commentaire article par article*, Paris, Economica, 2e éd., 1999, p. 572.

139 A. H. ROBERTSON, *Le Conseil de l'Europe : sa structure, ses fonctions et ses réalisations*, Londres, A. W. Sythoff-Leyde, 1962, pp. 215-216, répondant ainsi à la question qu'il a lui-même formulé : « Mais comment son Gouvernement peut-il se faire son champion puisque par hypothèse il est précisément celui qui l'a offensé *?* ».

140 W. A. SCHABAS, *op. cit.*, note 79, p. 724.

141 Article 24 (version initiale pré-1994) : « Toute Partie contractante peut saisir la Commission, par l'intermédiaire du Secrétaire Général du Conseil de l'Europe, de tout manquement aux dispositions de la présente Convention qu'elle croira pouvoir être imputé à une autre Partie contractante ».

142 Conditions qui figuraient en revanche dans l'article 25 relatif à la saisine de la Commission par les individus ou ONG : « 1. La Commission peut être saisie d'une requête (…) par toute personne physique, tout organisation non gouvernementale ou tout groupe de particuliers, qui se prétend victime d'une

est ainsi motivé par une ambition plus 'audacieuse' que celle du recours individuel, celle d'assurer une garantie collective des droits reconnus dans la Convention[143]. Le Rapport « Teitgen » de 1949, remis à l'Assemblée consultative du Conseil de l'Europe, présentait cette garantie collective comme le moyen approprié, via le recours interétatique, d'empêcher le retour du totalitarisme en Europe et les violations des droits qui pourraient en découler[144]. L'actuelle rédaction de l'article 33, lequel ne fut modifié que pour remplacer la Commission par la Cour, n'a pas effacé cet objectif premier du recours interétatique.

C'est d'ailleurs justement et logiquement dans le cadre des premières affaires interétatiques devant la Com. E.D.H. ou la C.E.D.H. que le caractère objectif de la Convention[145], mais aussi du recours interétatique lui-même[146], fut reconnu. Dans l'affaire qui opposait l'Autriche à l'Italie s'agissant d'une

---

violation par l'une des Hautes Parties Contractantes des droits reconnus dans la présente convention, dans le cas où la Haute Partie Contractante mise en cause a déclaré reconnaître la compétence de la Commission dans cette matière ».

[143] H. LABAYLE, *op. cit.*, note 138, p. 572, selon lequel la garantie collective « permet d'expliquer la présence du recours étatique au vu de l'absence effective de lien de nationalité entre l'État requérant et les victimes individuelles de la violation de la Convention ».

[144] P-H. TEITGEN, Présentation du Rapport de la Commission des questions juridiques et administratives de l'Assemblée consultative, 5 septembre 1949, selon lequel « such a collective guarantee (...) will allow Member States to prevent – before it is too late – any new member who might be threatened by a rebirth of totalitarianism from the succumbing to the influence of evil, as has already happened in general conditions of apathy » ; repris par I. RISINI, *op. cit.*, note 26, p. 19 ; aussi rappelé dans un article au titre évocateur de F. TULKENS, « Nul n'est à l'abri du péril totalitaire », *Revue Projet*, 1er décembre 2011.

[145] R. ERGEC, *op. cit.*, note 46, p. 110, pour qui la Convention européenne ressemble davantage à une Constitution qu'à un traité ; qualification que réfute I. RISINI, *op. cit.*, note 26, p. 7, s'agissant du moins de la garantie collective en matière de recours interétatique : « However the term 'constitutional' is avoided at large. Rather, the term collective enforcement is employed to carve out the characteristic functions the inter-State application aptly performs ».

[146] H. GAUDIN, *op. cit.*, note 20, p. 170, selon laquelle le recours interétatique est « conçu de manière large et objective » le faisant apparaître comme « l'expression d'une garantie collective ».

violation par le pouvoir judiciaire italien de plusieurs droits tels que le droit à un procès équitable ou le droit à la présomption d'innocence[147], la Com. E.D.H. a affirmé dans un premier temps que : « les États contractants n'ont pas voulu se concéder des droits et obligations réciproques utiles à la poursuite de leurs intérêts nationaux respectifs, mais réaliser les objectifs et idéaux du Conseil de l'Europe (...) et instaurer un ordre public communautaire des libres démocraties d'Europe »[148]. C'est pourquoi selon la Commission, toujours dans cette décision de 1961, l'État qui agit en recours interétatique : « ne doit donc pas être considéré comme agissant pour faire respecter ses droits propres, mais plutôt comme soumettant à la Commission une question qui touche à l'ordre public de l'Europe ». La Cour n'a pas non plus manqué de rappeler que la Convention crée « des obligations objectives qui (...) bénéficient d'une garantie collective » permettant aux États « d'exiger le respect de ces obligations sans avoir à justifier d'un intérêt dérivant »[149].

La portée de la garantie collective est telle que le recours de l'État demandeur est recevable même quand il s'agit de faits antérieurs à sa ratification[150]. La garantie collective permet également à un État d'agir en recours interétatique quand bien même des doutes persisteraient quant à sa légitimité constitutionnelle[151]. L'intérêt du recours interétatique est

[147] En l'espèce, l'affaire concernait le procès pénal de plusieurs jeunes gens, de nationalité italienne mais d'origine « ethnique et linguistique différente de la majorité des citoyens de la République italienne », accusés du meurtre d'un agent des douanes italiennes en août 1956, et condamnés pour certains à plusieurs années d'emprisonnement.

[148] Com. E.D.H., *Autriche c. Italie*, décision du 11 janvier 1961, req. n° 788/60.

[149] C.E.D.H., *Irlande c. Royaume-Uni*, arrêt du 18 janvier 1978, req. n° 5310/71, § 239.

[150] Com. E.D.H., *Autriche c. Italie*, *supra* note 147, l'Autriche n'a ratifié la Conv. E.D.H. qu'en 1958 alors que les faits reprochés à l'Italie remontent à 1956 (seul un arrêt de la Cour de cassation italienne de 1960 pouvait être considéré comme postérieur à la ratification) mais la Commission a affirmé qu'un État « est en droit d'introduire une requête contre une autre Haute Partie Contractante, même pour des faits antérieurs à sa ratification ».

[151] Com. E.D.H., *Chypre c. Turquie*, rapport du 4 juin 1999, req. n° 25781/94, § 71 : « la protection des droits et libertés garantis au peuple de Chypre par la Convention ne doit pas être compromise par un éventuel vice constitutionnel

solidement ancré dans l'esprit de la Convention que la Cour a qualifié à cet égard « d'instrument constitutionnel de l'ordre public européen »[152]. Son respect repose fondamentalement, en théorie, sur l'action contentieuse des États entre eux. En théorie seulement car sur le chemin de la garantie collective assurée par les recours interétatiques, les embûches sont nombreuses.

Le principal obstacle à cette consécration du recours interétatique comme facteur d'une garantie collective, aussi « raffinée » [153] soit-elle, n'est autre que le principe de non-ingérence dans les affaires intérieures de l'État[154]. Première embûche qu'il faut néanmoins écarter rapidement sur le plan théorique puisqu'en réalité ce principe ne peut être invoqué par un État « dans le cas où il manque à son devoir d'assurer (...) la jouissance des Droits de l'homme dans la sphère où s'exerce sa juridiction »[155]. L'idée même de garantie collective des droits de l'homme, qu'elle soit universelle ou régionale, ne contrevient pas au principe de non-intervention qui ne permet donc pas, en cas de recours interétatique, à l'État défendeur d'échapper à l'engagement de sa responsabilité[156].

Cependant, les États eux perçoivent de manière bien plus concrète la nécessité de ne pas se mêler des affaires nationales

---

de son Gouvernement. [...] Le fait d'admettre qu'un Gouvernement puisse éluder la 'garantie collective' de la Convention visée à l'article 24 en déclarant ne pas reconnaître le Gouvernement de l'État requérant irait à l'encontre de l'objet de la Convention ».

[152] C.E.D.H., *Loizidou c. Turquie*, arrêt du 23 mars 1995, req. n° 15318/89, § 75.

[153] F. SUDRE, *op. cit.*, note 23, p. 108.

[154] *Ibid.*, pp. 109-117, sur la place du principe en matière de droits de l'homme.

[155] Institut de droit international, « La sauvegarde des droits de l'homme et le principe de non-intervention dans les affaires intérieures des États », Travaux préparatoires, Session de Saint-Jacques de Compostelle, *Ann. I.D.I.*, Pedone, vol. 63, Tome I, 1989, p. 348.

[156] Institut de droit international, « La protection des droits de l'homme et le principe de non-intervention dans les affaires intérieures des États », Résolution finale, Délibérations, Session de Saint-Jacques de Compostelle, *Ann. I.D.I.*, Pedone, vol. 63, Tome II, 1990, pp. 340-342, dont l'article 2 affirme s'agissant de l'obligation pour les États d'assurer le respect des droits de l'homme qu'un « État agissant en violation de l'obligation énoncée à l'article premier ne peut se soustraire à sa responsabilité internationale en prétendant que ce domaine relève essentiellement de sa compétence nationale ».

des autres États. Si le principe de non-ingérence n'est pas à craindre juridiquement en matière de droits de l'homme, la question est toute autre diplomatiquement[157]. Il était donc à craindre que la garantie collective soit court-circuitée par une sous-utilisation du droit au recours interétatique. Si certains estiment que tel fut le cas[158], il faut nuancer le propos tant les rares affaires prouvèrent que le mécanisme était capable de fonctionner et que les États étaient au fond capable de s'en saisir.

En effet, plusieurs États parties à la Conv. E.D.H. formèrent des recours interétatiques devant la Cour. Bien souvent néanmoins leur motivation ne reposait pas uniquement sur la garantie collective des droits de l'homme à l'échelle européenne. Il fallait que le « jeu en vaille la chandelle »[159]. C'est en fonction du degré de gravité de la violation des droits de l'homme constatée, mais aussi des relations entretenues avec l'État potentiellement coupable de ces violations, que les États décidèrent d'agir ou non devant les organes européens de protection. Plusieurs fois la situation pencha en faveur d'un recours interétatique. Mais les objectifs de celui-ci pouvaient être multiples, évidemment cumulatifs et aucunement alternatifs. La raison avancée par l'État requérant ne fut dès lors pas toujours exclusivement celle de la garantie collective[160]. Sur la

---

[157] H. LABAYLE, *op. cit.*, note 138, p. 574, mentionnant « la répugnance évidente des États membres à utiliser le recours étatique, comme si une complicité tacite les conduisait à refuser de se mettre mutuellement et publiquement en cause ».

[158] F. SUDRE, « Du Protocole n°11 au Protocole n°16, un système en quête de sens », *in* L. ROBERT et H. SURREL (dir.), *Quel avenir pour le système européen de protection des droits de l'homme ?*, Actes du colloque du 29 mars 2019, Limal, Anthémis, 2020, p. 13 : « Le droit d'action étatique a été un fiasco total et la garantie collective n'a finalement joué, telle qu'elle était conçue, que deux fois ». De même L. HENNEBEL, H. TIGROUDJA, *op. cit.*, note 24, p. 318 : « La procédure de plaintes interétatiques qui reflète l'instauration – plus souhaitée que réelle – d'une garantie collective est utilisée exceptionnellement devant la Cour européenne comme dans les autres systèmes de protection ».

[159] H. LABAYLE, *op. cit.*, note 138, p. 574.

[160] W. A. SCHABAS, *op. cit.*, note 79, p. 725, reprend l'exemple de l'Autriche dans l'affaire qui l'opposait à l'Italie puisque selon lui « Austria was not acting on behalf of its nationals in the strict sens, but nor can it be said that

trentaine d'affaires interétatiques que connurent la Commission et la Cour, seules deux d'entre elles semblent avoir illustré parfaitement ce qu'est un recours motivé par l'unique ambition de garantir sans intérêt direct les droits de l'homme sur le continent européen.

La première affaire dans laquelle des États usèrent du recours interétatique avec pour seule motivation la protection de l'ordre public européen fut celle opposant le Danemark, la Norvège, la Suède et les Pays-Bas, à la Grèce entre 1968 et 1970 [161]. Les quatre États requérants reprochaient à la « Dictature des colonels » d'avoir commis durant et après le coup d'État militaire du 21 avril 1967 de multiples violations des droits pourtant garantis par la Conv. E.D.H.[162] et à laquelle la Grèce était partie depuis 1953[163]. Furent également soulevés le recours non-justifié par la Grèce à l'article 15 de la Convention (qui permet de déroger aux obligations prévues par celle-ci en temps de guerre ou en cas de « danger public menaçant la vie de la nation ») ainsi que les actes de tortures

---

this was a neutral and disinterested attempt to apply the Convention in order to enforce Europe's common public order ».

[161] Quatre premières requêtes furent formulées en 1967 et étudiées comme un tout par la Commission : Com. E.D.H., *Danemark, Norvège, Suède et Pays-Bas c. Grèce (I)*, rapport du 5 novembre 1969, req. n°3321/67 à 3323/67 et 3344/67. Puis une nouvelle requête cette fois conjointe fut formulée en 1970 : Com. E.D.H., *Danemark, Norvège, Suède et Pays-Bas c. Grèce (II)*, rapport du 4 octobre 1976, req. n°4448/70.

[162] Notamment au sein des articles 5 (droit à la liberté et à la sûreté), 6 (droit à un procès équitable), 8 (droit au respect de la vie privée et familiale, du domicile et des correspondances), 9 (liberté de pensée, de conscience et de religion), 10 (liberté d'expression), 11 (droit à la liberté de réunion et à la liberté d'association), 13 (droit à l'octroi d'un recours effectif devant une instance nationale) et 14 (droit de jouissance des libertés garanties par la convention sans discrimination fondée, en l'espèce, sur les opinions politiques).

[163] C'est d'ailleurs le premier pays à avoir usé du recours interétatique devant la Com. E.D.H. par deux requêtes de 1956 et 1957 à l'encontre du Royaume-Uni s'agissant de violations commises sur l'île de Chypre par des autorités britanniques : Com. E.D.H., *Grèce c. Royaume-Uni (I)*, rapport du 26 septembre 1958, req. n°176/56 ; Com. E.D.H., *Grèce c. Royaume-Uni (II)*, rapport du 8 juillet 1959, req. n°299/57.

constatés plus tardivement et violant ainsi l'article 3[164]. Cette affaire connut également des développements devant les organes politiques du Conseil de l'Europe, péripéties qui menèrent la Grèce à se retirer de l'organisation[165] et à dénoncer la Convention européenne des droits de l'homme[166]. Cependant sur le plan des recours interétatiques ce fut, selon le Président de la Commission de l'époque, M. SØRENSEN, « la première fois que le mécanisme de la Convention a été mis en route par des États n'ayant aucun intérêt national à introduire une demande et apparemment motivés par le désir de préserver notre héritage européen de liberté »[167]. Les États demandeurs n'avaient en effet aucun lien, ni national ni ethnique, avec les victimes du gouvernement révolutionnaire grec. Les relations diplomatiques entre les États nordiques et la Grèce n'étaient pas non plus de nature à laisser imaginer le moindre intérêt subjectif sous-tendant le recours[168]. Le recours interétatique n'était donc motivé que dans une optique de garantie collective des droits. Les soutiens purement politiques de plusieurs autres États apportés à ces requêtes, comme la Belgique, le Luxembourg ou l'Islande, témoignent de cette démarche commune de protection. Finalement ce recours interétatique donna une preuve irréfutable que la garantie collective par voie contentieuse à

---

164 C'est en raison de ces tortures qu'une seconde requête fut introduite en 1970 : Com. E.D.H., *Danemark, Norvège, Suède et Pays-Bas c. Grèce (II)*, décision du 16 juillet 1970, req. n° 4448/70.

165 La Grèce redoutait en décembre 1969 une décision du Comité des ministres qui « ne s'annonçait guère favorable » à ses intérêts notamment représentatifs au sein du Conseil : P. MERTENS, « Organes du Conseil de l'Europe et le concept de démocratie dans les deux affaires grecques », *R.B.D.I.*, 1971, vol. 7-1, p. 136.

166 Le retrait et la dénonciation furent notifiés le même jour, le 12 décembre 1969, mais dans deux notes distinctes, l'une mentionnant l'article 7 du Statut, et l'autre l'article 65 de la Convention de sauvegarde.

167 Repris par E. BATES, *The evolution of European Convention on Human Rights : From Its Inception to the Creation of a Permanent Court of Human Rights*, Oxford, Oxford University Press, 2010, p. 267.

168 A.C. KISS, P. VEGLERIS, « L'affaire grecque devant le Conseil de l'Europe et la Commission européenne des Droits de l'homme », *A.F.D.I.*, vol. 17, 1971, p. 908 : « On ne pouvait davantage relever l'existence antérieurement au dépôt des requêtes, d'une tension diplomatique entre la Grèce et l'un quelconque des gouvernements requérants ».

l'initiative des États peut fonctionner. Il fallait certes des circonstances particulières[169], attirant notamment l'attention de l'opinion publique, pour que les États décident d'initier un tel mouvement. Néanmoins cette première affaire eut le mérite d'opérer le passage de la théorie à la pratique[170], de faire de la garantie collective une réalité objective[171], et d'éviter ainsi l'enlisement dans une utopie juridico-philosophique[172].

La seconde affaire concernait la Turquie qui fit l'objet, le 1er juillet 1982, de cinq recours interétatiques à son encontre. Là encore, les États requérants étaient le Danemark, la Norvège, la Suède et les Pays-Bas, mais figurait à leurs côtés cette fois la France. La Turquie fut accusée de violer les dispositions de la Convention notamment en raison de sa loi du 27 octobre 1980 dite « Loi sur l'ordre constitutionnel » qui établissait un Conseil national de la sécurité cumulant les pouvoirs législatifs et exécutifs. Les États requérants alléguèrent des censures poli-

---

169 Des conditions qui sont par exemple la présence d'un État défendeur relativement faible, le constat de violations flagrantes des droits, la bonne volonté des États d'user du mécanisme de garantie collective, et le courage des victimes de témoigner, tout ça dans un système de protection régional effectif : J. BECKET, « The Greek Case before the European Human Rights Commission », *Human Rights*, American Bar Association, 1970, vol. 1-1, p. 116.

170 Défiant ceux qui initialement ne craignaient nullement le Conseil de l'Europe, à l'image de S. PATTAKOS, l'un des colonels grecs, comparant le contrôle du Conseil sur la Grèce à une simple « mouche sur les cornes d'un boeuf » ; repris par V. FERNANDEZ SORIANO, « Facing the Greek junta : the European Community, the Council of Europe and the rise of human-rights politics in Europe », *European Review of History*, 2017, vol. 24-3, p. 358.

171 Du moins sur le plan de l'initiative du recours, car sur le plan des effets la résolution du Comité des Ministres fut explicitement limitée par la dénonciation grecque malgré la reconnaissance des violations. Les mesures décidées ne furent alors que de simples invitations prenant en compte le fait que « le Gouvernement de la Grèce n'est pas disposé à se conformer à ses obligations continues en vertu de la Convention » : Comité des Ministres, *L'affaire grecque*, Résolution du 15 avril 1970, Res-32, § 19.

172 T. BUERGENTHAL, « Proceedings against Greece under the European Convention of Human Rights », *A.J.I.L.*, 1968, vol. 62-2, p. 450 : « Because the Greek coup d'état did not affect the vital interests of any of the contracting states, it tested, unlike any other case before it, the willingness of the contracting states to uphold the integrity of the Convention unmotivated by any extraneaous political or economic stakes in the outcome of the litigation ».

tiques, syndicales, et journalistiques, ainsi que des manquements au droit à un recours effectif, ou encore des pratiques de tortures ou traitements inhumains ou dégradants[173]. Face aux multiples exceptions préliminaires soulevées par la Turquie, la Commission rappela que l'esprit de la Convention « repose sur le concept d'une garantie collective » et que son « caractère objectif » doit être respecté[174]. Cette affaire fut comparée à l'affaire grecque[175], mais contrairement à cette dernière la Commission n'eut pas le temps de s'exprimer sur le fond des requêtes en raison d'un accord amiable entre les parties[176]. Pour autant, le recours interétatique n'a pas été vain. A défaut de solution contentieuse finale, il porte un message important à l'encontre de l'État défendeur, celui d'une communauté européenne opposée à ses manquements aux droits de l'homme et capable d'agir de concert pour les faire cesser. L'accord amiable, dont il faut se féliciter sur le plan diplomatique, est sans nul doute, le résultat, en partie, de cette pression collective.

---

[173] Com. E.D.H., *France, Norvège, Danemark, Suède, Pays-Bas c. Turquie*, décision du 6 décembre 1983, req. n° 9940-9944/82.

[174] La Turquie opposait notamment à la France sa réserve faite à l'article 15 de la Convention, réserve qui empêcherait donc, par application d'un principe de réciprocité (que la Turquie cachait volontairement sous les termes de forclusion et d'opposabilité) le recours à l'article 24 par le gouvernement français. Mais la Commission affirme que « l'exception soulevée par le Gouvernement défendeur ne concerne pas une question de forclusion ou d'opposabilité, mais de réciprocité » or « le caractère objectif de la Convention doit également être respecté lorsqu'il s'agit d'une réserve » (*ibid.*, §§ 38-43). Ainsi il « n'est pas interdit à la France d'introduire contre la Turquie et conformément à l'article 24 une requête amenant à examiner des questions qui relèveraient de la réserve faite par la France à l'article 15 de la Convention ».

[175] W. A. SCHABAS, *op. cit.*, note 79, pp. 726-728, affirmant notamment que l'on retrouve la philosophie de la garantie collective dans la décision de la Commission d'admettre la recevabilité des requêtes sur simples allégations de violations des dispositions de la Convention.

[176] Accord prévoyant l'abandon de la procédure contentieuse par les États requérant au vu des « mesures prises par la Turquie pour rétablir une démocratie effective et assurer le respect des droits et libertés définis dans la Convention » : Com. E.D.H., *France, Norvège, Danemark, Suède, Pays-Bas c. Turquie,* rapport du 7 décembre 1985, req. n°9940-9944/82, § 41.

Toutefois, la pratique du recours interétatique fondé exclusivement sur un intérêt commun de protection des droits de l'homme semble s'être arrêtée à ces deux exemples. Cette parcimonie, synonyme peut-être d'occasions manquées, permet de nuancer l'efficacité de la garantie collective dans le système européen. Elle n'est d'ailleurs pas aussi bien concrétisée dans le reste du monde.

§ 2 – Des garanties collectives régionales et universelles imparfaites

Quand bien même le continent européen bénéficierait de conditions uniques et propices à l'affirmation d'un système de garantie collective[177], il n'est pas le seul à avoir reconnu ce principe d'intérêt commun comme fondement de sa protection interétatique. Si la garantie collective n'est pas dans les autres systèmes aussi « parfaite »[178] que celle du Conseil de l'Europe elle existe néanmoins. En effet, la logique de surveillance collective du respect par chaque État des droits de l'homme est « prévue par la quasi-totalité des conventions universelles et régionales qui établissent un mécanisme de plaintes »[179]. Il y a donc désormais plusieurs garanties collectives, chacune s'exerçant dans son système conventionnel de protection. Les recours interétatiques peuvent alors prendre la forme d'*actio popularis* dans plusieurs parties du globe, si ce n'est sur sa totalité. Car que ce soit dans les systèmes régionaux africains et américains, ou à l'échelle universelle, les articles organisant la procédure de recours interétatique semblent toujours permettre l'exercice d'une garantie collective fondée sur l'intérêt de tous les États.

---

[177] G. DONOHO, « Human Rights Enforcement in the Twenty-First Century », *Georgia Journal of International and Comparative Law*, 2006, vol. 35-1, p. 44 : « The community of nations that the ECHR serves has been, at least until recently, significantly homogeneous with shared cultural, social, and political affinities. More importantly, the region has a shared history and future, not the least of which involves the extraordinary economic, social and political entanglements of the European Union ».

[178] R. BEN ACHOUR, *op. cit.*, note 99, p. 550.

[179] L. HENNEBEL, H. TIGROUDJA, *op. cit.*, note 24, p. 447.

S'agissant d'abord du système américain, une simple étude, rapide et sommaire, du recours interétatique pourrait laisser « penser que la Convention américaine n'avait pas opté pour un système d'*actio popularis* tel qu'il existe dans le cadre du système européen »[180]. Mais en y regardant de plus près, difficile de ne pas noter que la Convention américaine relative aux droits de l'homme consacre pourtant bel et bien un « ordre public interaméricain »[181]. Or, un tel ensemble, qui n'est pas sans rappeler les termes employés par les organes européens, se traduit normalement par une garantie collective pouvant prendre la forme d'un recours interétatique[182]. Il suffit d'ailleurs de lire l'article 45 de la Conv. A.D.H. pour noter qu'aucune condition d'intérêt n'y a été inscrite dans la compétence de la Com. I.D.H. pour « recevoir et examiner les communications dans lesquelles un État partie prétend qu'un autre État partie a violé les droits de l'homme énoncés dans la présente Convention ». En creux, se cache donc la possibilité pour un État d'agir à l'encontre d'un autre État sur le seul fondement d'un intérêt collectif à la protection des droits.

Si contrairement à la Conv. E.D.H. la garantie collective n'est pas mentionnée directement dans le préambule de la Convention américaine, les décisions des organes de protection semblent elles plutôt claires. Dès le 24 septembre 1982, la Cour interaméricaine, dans des termes quasi-similaires à ceux em-

---

[180] A priori et en raison principalement de la nécessité d'une déclaration d'acceptation par chaque État de la compétence de la Commission selon L. BURGOGUE-LARSEN, « Le traitement des différends interétatiques dans le cadre du Système interaméricain », *op. cit.*, note 91, p. 35.

[181] Com. I.D.H., *Nicaragua c. Costa Rica* (irrecevabilité), 8 mars 2007, affaire interétatique 01/06, rapport n°11/07, § 197 : « The American Convention enshrines a system that constitutes a genuine regional public order the preservation of which is in the interests of each and every state party ».

[182] C'est d'ailleurs justement la conclusion que tire la Com. I.D.H. de sa première affirmation, déduisant de cet ordre public interaméricain la nécessité d'une garantie collective s'exprimant au travers du mécanisme de recours interétatique : « That provision enshrines the collective intention of the American States to guarantee the preservation of the inter-American public order in the area of human rights », *ibid.*, § 199.

ployés par la Com. E.D.H. quelques années auparavant[183], affirma que l'objet de la Conv. A.D.H. n'était pas l'échange réciproque de droits et obligations bénéficiant aux États mais bien la protection des droits accordés aux individus indépendamment de leur nationalité[184]. Cette affirmation n'est autre que le principe fondamental permettant ensuite la concrétisation d'une garantie collective exercée par les États pour défendre chaque individu, ressortissant ou non. La Cour interaméricaine a confirmé cet esprit d'intérêt commun dans la protection des droits par son arrêt du 24 septembre 1999 s'agissant de l'affaire *Ivher-Bronstein v. Peru*[185]. La C.I.D.H. y mentionne des mécanismes spécifiques de protection participant à cet intérêt commun, au sein desquels figure évidemment le recours interétatique. C'est avec ces premières décisions en tête que la Com. I.D.H. n'a pas hésité à lier directement garantie collective et plainte étatique. Rappelant que la Convention a pour objectif la réalisation d'une garantie collective des droits de l'homme[186] la Commission a affirmé que cet objectif ne doit

---

183 Com. E.D.H., *Autriche c. Italie*, décision du 11 janvier 1961, req. n° 788/60 ; décision qui est d'ailleurs expressément citée par la Cour interaméricaine.

184 C.I.D.H., *The Effect of Reservations on the entry into force of the American Convention on Human Rights*, avis consultatif du 24 septembre 1982, n° 0C-2/82, § 29.

185 C.I.D.H., *Ivher-Bronstein v. Peru*, arrêt du 24 septembre 1999, § 42 : « The American Convention and the other human rights treaties are inspired by a set of higher common values (centered around the protection of the human person), are endowed with specific supervisory mechanisms, are applied as a collective guarantee, embody essentially objective obligations, and have a special character that sets them apart from other treaties. »

186 Com. I.D.H., *Nicaragua c. Costa Rica* (irrecevabilité), 8 mars 2007, affaire interétatique 01/06, rapport n°11/07, § 205 : « Were a generalized practice of human rights violations to exist at present in one of the states parties to the Convention, and another state party were to present a communication denouncing those violations to the Commission, the IACHR considers that it could not insist that the denouncing state individually identifiy each of the victims of this generalized situation of violations because such a requirement would be contrary to the spirit of collective guarantee that shapes the American Convention on Human Rights ».

donc pas être entravé par des questions de compétence *ratione personœ* ou *ratione materiae* lors d'un recours interétatique[187].

Ainsi, le système interaméricain et le système européen sont en « osmose quant à la philosophie des recours interétatiques »[188]. Mais qu'en est-il dans le système africain ? La Charte A.D.H.P. s'est elle aussi vraisemblablement exposée à de potentiels recours interétatiques fondés sur un esprit de garantie collective. A en croire l'article 47, la seule et unique condition pour un État souhaitant agir est d'avoir « de bonnes raisons de croire qu'un autre État également partie à cette Charte a violé les dispositions de celle-ci ». Dès lors, le mécanisme africain de recours interétatique s'agissant de l'absence de condition d'intérêt particulier pour agir est semblable à ceux développés Outre-Atlantique et en Europe[189]. Cependant, contrairement à ces derniers, ni la Commission ni la Cour n'ont confirmé expressément la possibilité de faire jouer la garantie collective au travers du recours interétatique. Il faut dire que les États africains s'en sont bien moins saisis et ce notamment en raison d'une défiance à l'égard de toute ingérence dans les affaires intérieures des autres États[190] ou de leur préférence pour d'autres forums que les organes de protection des droits de l'homme[191]. Mais le non-exercice par les États de cette garantie collective ne permet pas d'en réfuter l'existence au moins théorique.

---

[187] *Ibid.*, § 221, au point que la Commission se contente uniquement de rappeler sur ce point que : « the Commission is competent ratione materiae, because the interstate communication alleges violations of human rights protected by the American Convention ».

[188] L. BURGOGUE-LARSEN, « Le traitement des différends interétatiques dans le cadre du Système interaméricain », *op. cit.*, note 91, p. 36.

[189] U. O., UMOZURIKE, « The African Charter on Human and Peoples' Rights », *A.J.I.L.*, vol. 77-4, p. 909.

[190] Principe de non-ingérence qui peut certes être écarté en matière de droits de l'homme mais qui connaît une importance toute particulière sur le continent africain, en témoigne notamment l'article 4 (g) de l'Acte constitutif de l'Union africaine qui mentionne la « non-ingérence d'un État membre dans les affaires intérieures d'un autre État membre » comme l'un des principes de l'Union.

[191] F. VILJOEN, « A Procedure Likely to Remain Rare in the African System », *Völkerrechtsblog*, International Law & International Legal Thought, 2021.

Le recours interétatique trouve donc un intérêt certain à l'échelle régionale dans l'esprit de garantie collective. Mais à l'échelle universelle une telle manière de concevoir le mécanisme ne semble pas aussi naturelle. En effet, malgré le caractère *erga omnes* de certaines obligations propres aux droits de l'homme[192], et en dépit de « l'intérêt commun » que tous les États parties à une convention peuvent avoir quant à son respect et à son application[193], une stratégie collective de protection par recours interétatique n'est pas chose aisée. Elle nécessite une solidarité politique et juridique commune, ancrée dans le temps, mais aussi une confiance initiale entre tous les États parties. C'est pourquoi cette stratégie collective ne semblait possible de prime abord qu'à une échelle géographiquement réduite, c'est-à-dire régionale[194].

Cependant, les avantages d'un tel mécanisme de contrôle dépassent sûrement les difficultés à le mettre en œuvre et à le faire accepter par les États. En effet, le recours interétatique fondé sur la garantie collective d'une convention universelle est un excellent moyen de pression sur un État qui violerait les droits de l'homme. Il permet non seulement d'éviter qu'aucun État ne puisse agir à défaut d'intérêt (notamment en cas de violation ne concernant que les nationaux et le territoire de l'État qui commet des atrocités) mais aussi de faire comprendre à tout État que nul n'est à l'abri d'une action à son encontre. Certes les contrôles sur rapports, sur enquêtes, ou à la suite d'un recours individuel sont des moyens pertinents d'assurer une protection des droits de l'homme, mais le risque d'encourir un recours formé par un ou plusieurs États, soutenu par une large partie de la communauté internationale, sonne parfois bien plus fort. S'ajoute à cela que sans recours interétatique de la sorte,

---

[192] C.I.J., *Barcelona Traction, Light and Power Company, Limited (Belgique c. Espagne)*, fond, arrêt du 5 février 1970, *Rec.* 1970, §§ 33-34.

[193] C.I.J., *Réserves à la Convention pour la prévention et la répression du crime de génocide*, avis consultatif du 28 mai 1951, *Rec.* 1951, p. 23.

[194] S. LECKIE, *op. cit.*, note 26, p. 257 : « The use of this procedure can enable states to move closer to the ideal of regionally consistent legal norms [...] it can act as a collective guarantee that the rights contained in the instrument pertinent to the region are applied consistently throughout all of the member states ».

dans bien des cas, les États parties seraient dénués de moyens juridiques pour condamner une violation autrement que par une déclaration politique. En effet, en matière de droits de l'homme, un État ne peut réagir à des violations d'un autre État en refusant d'appliquer lui-même les dispositions conventionnelles sur le fondement du principe de réciprocité, ou en dénonçant la convention concernée (sauf clause de dénonciation prévue à cet effet)[195]. Il faut donc donner aux États parties un moyen juridique de montrer leur désapprobation face à une violation des droits de l'homme. La voie du recours interétatique sans condition d'intérêt à agir est le compromis parfait, encourageant au contrôle mutuel des États.

Ainsi, les conventions onusiennes qui permettent des communications étatiques devant leurs organes de protection n'ont pas conditionné ces dernières à la preuve d'un intérêt autre que celui de vouloir voir les droits reconnus être respectés par tous. Que ce soit au sein du P.I.D.C.P.[196] ou dans la Convention internationale sur l'élimination de toutes les formes de discrimination raciale[197], les États peuvent faire remonter des situations contraires aux droits de l'homme dans des États parties sans démontrer un intérêt particulier lié à l'affaire. Le C.E.R.D. a d'ailleurs lui-même reconnu dans l'une de ses récentes décisions que la protection de sa convention par les États relevait d'un intérêt commun[198]. On trouvait déjà des

---

[195] Voir *supra*, p. 27, notes 129 et 130.

[196] Le Comité des droits de l'homme peut recevoir et examiner « des communications dans lesquelles un État partie prétend qu'un autre État partie ne s'acquitte pas de ses obligations » (article 41 du P.I.D.C.P.). Cette rédaction est quasiment la même pour toutes les conventions onusiennes ayant prévu un mécanisme de recours interétatique.

[197] Dont la rédaction de l'article 11 diffère le plus des autres conventions, mais dont le fond reste le même : « Si un État partie estime qu'un autre État également partie n'applique pas les dispositions de la présente Convention, il peut appeler l'attention du Comité sur la question ».

[198] C.E.R.D., *Palestine c. Israël*, décision de recevabilité du 12 décembre 2019, C/100/5, § 41 : « la Convention fait partie, de même que certains instruments régionaux, de la catégorie des traités internationaux qui visent à préserver l'intérêt collectif, contrairement à certains traités qui visent uniquement à préserver les intérêts individuels des États parties ». Poussant le Comité à conclure que « les griefs soulevés dans la communication interétatique touchent les intérêts de tous les États parties à la Convention » (§53) et que

fondements propices à un esprit de garantie collective au niveau onusien dans l'Observation générale n° 24 du Comité des droits de l'homme. Ce dernier y affirme que « les instruments relatifs aux droits de l'homme (...) ne constituent pas un réseau d'échanges d'obligations interétatiques. Ils visent à reconnaître des droits aux individus »[199].

La question se pose davantage s'agissant des clauses compromissoires permettant une saisine de la C.I.J. pour les différends concernant l'application ou l'interprétation d'une convention onusienne des droits de l'homme[200]. Car devant la C.I.J. les conditions de qualité et d'intérêt à agir sont en principe limitées à l'État de nationalité des victimes, faisant alors obstacle à toute *actio popularis*[201]. Mais la jurisprudence de la

« le mécanisme interétatique prévu par la Convention est un instrument unique qui vise à permettre le règlement des différends dans l'intérêt commun de tous les États parties » (§58).

[199] C.C.P.R., *Observation générale sur les questions touchant les réserves formulées au moment de la ratification du Pacte ou des Protocoles facultatifs*, 2 novembre 1994, n°24 (52), § 17 ; on retrouve là encore des similitudes avec les formulations de la Com. E.D.H. (*Autriche c. Italie*, décision du 11 janvier 1961, req. n° 788/60) et de la C.I.D.H. (*The Effect of Reservations on the entry into force of the American Convention on Human Rights*, avis consultatif du 24 septembre 1982, n° 0C-2/82, § 29) ; similitudes que soulignaient justement les juges de la C.I.J. dans une opinion individuelle commune affirmant que « l'analyse qu'a faite le Comité des droits de l'homme dans son observation générale n°24 (...) est très proche de celle de la Cour européenne des droits de l'homme et de la Cour interaméricaine » : C.I.J., *Activités armées sur le territoire du Congo (nouvelle requête : 2002) (République démocratique du Congo c. Rwanda)*, arrêt du 3 février 2006, *Rec.* 2006, opinion individuelle commune de HIGGINS, KOOIJMANS, ELARABY, OWADA, et SIMMA, § 16.

[200] Cinq conventions onusiennes possèdent une telle clause compromissoire, *supra* note 50 ; ces clauses sont quasi-systématiquement rédigée de la même manière, mais la plus utilisée est celle de la C.I.E.D.R. (article 22) : « Tout différend entre deux ou plusieurs États parties touchant l'interprétation ou l'application de la présente Convention qui n'aura pas été réglé par voie de négociation ou au moyen de procédures expressément prévues par ladite Convention sera porté, à la requête de toute partie au différend, devant la Cour internationale de Justice pour qu'elle statue à son sujet, à moins que les parties au différend ne conviennent d'un autre mode de règlement ».

[201] C.I.J., *Affaire du Sud-Ouest Africain (Éthiopie c. Afrique du Sud, Libéria c. Afrique du Sud)*, deuxième phase, arrêt du 18 juillet 1966, *Rec.* 1966, § 88 : « Au surplus, si on l'envisage sous un autre angle, cet argument revient à dire que la Cour devrait admettre une sorte d'actio popularis, ou un droit pour

C.I.J. s'est assouplie en matière de droits de l'homme[202] et une forme de garantie collective peut être envisagée en cas de différend relatif à des obligations *erga omnes partes*[203]. Or, les « droits fondamentaux de la personne humaine » sont considérés par la Cour comme ayant valeur *erga omnes*[204]. Il serait donc possible pour un État tiers de mener un recours interétatique au titre d'une clause compromissoire contenue dans une convention onusienne relative aux droits de l'homme. Mais l'usage de la garantie collective dans ces circonstances ne s'est en l'espèce jamais vraiment réalisé. A chaque fois qu'un État eut à saisir la C.I.J. via une telle clause compromissoire il le fit en étant directement touché par la violation supposée de l'État défendeur[205]. Cependant, les développements quant à la garantie collective pouvant être exercée au titre d'un recours relatif à l'application de la Convention pour la prévention et la répression du crime de génocide[206] laisse imaginer une solution similaire s'agissant par exemple de la discrimination raciale. Dans une opinion individuelle du 23 juillet 2018 le juge A. A. CANÇADO TRINDADE affirmait ainsi que l'État qui agit devant la Cour « active une garantie collective prévue par la

---

chaque membre d'une collectivité d'intenter une action pour la défense d'un intérêt public. Or, s'il se peut que certains systèmes de droit interne connaissent cette notion, le droit international tel qu'il existe actuellement ne la reconnaît pas ».

202 R. GOY, *La Cour internationale de Justice et les droits de l'homme*, Bruxelles, Bruylant, 2002, p. 77.

203 C.I.J., *Questions concernant l'obligation de poursuivre ou d'extrader (Belgique c. Sénégal)*, arrêt du 20 juillet 2012, *Rec.* 2012, § 68.

204 C.I.J., *Barcelona Traction, Light and Power Company, Limited (Belgique c. Espagne)*, fond, arrêt du 5 février 1970, *Rec.* 1970, §§ 33-34, *loc. cit.*, note 64.

205 La clause la plus invoquée est celle de la C.I.E.D.R. et les différends qui en sont issus ne semblent pas relever particulièrement d'une philosophie de garantie collective : *Géorgie c. Fédération de Russie* (2008), *Ukraine c. Fédération de Russie* (2017), *Qatar c. Émirats arabes unis* (2018), *Arménie c. Azerbaïdjan* (2021).

206 C.I.J. *Application de la convention pour la prévention et la répression du crime de génocide (Gambie c. Myanmar)*, mesures conservatoires, ordonnance du 23 janvier 2020, C.I.J. *Rec.* 2020, §§ 41-42 ; qui reprend évidemment C.I.J., *Réserves à la Convention pour la prévention et la répression du crime de génocide*, avis consultatif du 28 mai 1951, *Rec.* 1951.

CIEDR et inscrite dans la clause compromissoire de son article 22 »[207].

Cette garantie collective n'est donc aucunement l'apanage du Conseil de l'Europe, et heureusement, puisqu'elle facilite l'action contentieuse de chaque État en faveur d'un respect total et global des droits de l'homme. Le recours interétatique peut être fondé dans tout système sur un intérêt collectif à la protection des droits de l'homme. La garantie collective a ainsi un double effet : non seulement elle donne au mécanisme de plainte ou de communication un intérêt fondamental, mais elle en facilite en plus l'usage par les États.

SECTION II. UNE GARANTIE COLLECTIVE FAVORABLE AU RECOURS INTERETATIQUE

La garantie collective des droits est en partie assurée par le recours interétatique puisqu'il en est l'expression concrète et contentieuse devant les organes de protection. Voilà ce qui fut présenté, moins sommairement, dans les quelques pages précédentes. Mais cette affirmation est incomplète. Pour prouver que le recours interétatique a toujours un intérêt indéniable dans les systèmes de protection, encore faut-il que l'objectif de garantie collective, au-delà de justifier théoriquement l'usage du recours, puisse en favoriser concrètement l'utilisation par les États. Il s'agit de renforcer l'attractivité du recours à la hauteur de ses ambitions premières, sans quoi il ne restera qu'à l'état de fiction juridique. Plus clairement et schématiquement, si les droits de l'homme trouvent un intérêt certain dans les recours interétatiques, il est aussi nécessaire que les États trouvent un intérêt à

---

[207] C.I.J., *Application de la convention internationale sur l'élimination de toutes les formes de discrimination raciale (Qatar c. Émirats arabes unis)*, mesures conservatoires, ordonnance du 23 juillet 2018, opinion individuelle du Juge A. A. CANÇADO TRINDADE qui soutenait la nécessité d'interpréter la clause compromissoire en fonction du but et de l'objet de la C.I.E.R.D. ce qui doit exclure l'obligation pour les États parties de répondre à des conditions préalables supplémentaires comme une obligation de négociation (le juge A. A. CANÇADO TRINDADE s'y était expressément opposé dans son opinion dissidente du 1er avril 2011 dans l'affaire opposant la Géorgie et la Fédération de Russie).

exercer ces recours. Or l'intérêt politique ou juridique ne suffit pas toujours à faire sortir l'État de son carcan. Il faut, pour que le jeu « en vaille la chandelle »[208], que les États soient rassurés, c'est-à-dire qu'ils puissent bénéficier d'avantages incitant (§ 1) et facilitant (§ 2) leur action courageuse[209] en faveur de l'intérêt collectif.

§ 1 – L'incitation au recours interétatique

La garantie collective des droits de l'homme est souvent décrite comme se concrétisant sous forme de recours interétatique lui-même s'exerçant uniquement sous forme d'*actio popularis*. Or n'envisager la garantie collective que dans la mise en œuvre *stricto sensu* par un État d'un recours dénué d'intérêt propre à celui-ci c'est restreindre son domaine, et en limiter l'attractivité. En réalité il faut comprendre la philosophie de la garantie collective comme un ensemble bien plus large. Il le faut car ouvrir le champ de la garantie collective c'est permettre à chaque État requérant de s'en prétendre et de s'appuyer en partie sur son esprit, renforçant politiquement et juridiquement la force du recours. Ouvrir le champ de la garantie collective c'est donner de nouveaux atouts à l'État qui ose s'aventurer sur la voie du recours interétatique. Ainsi, pour inciter les États, il faut d'abord une garantie collective qui n'exclut aucunement les recours 'mixtes', c'est-à-dire pouvant être motivés par l'intérêt collectif et par des intérêts privés. Il faut ensuite une garantie collective ouverte à des recours exercés par plusieurs États conjointement, c'est-à-dire permettant aux États de s'allier ce qui est tout naturellement en cohérence avec l'objectif même de la garantie collective. Autrement dit, l'incitation passe par l'ouverture du recours interétatique à un pluralisme d'intérêts et de requérants.

S'agissant d'abord du pluralisme d'intérêt, il semble évident que les recours uniquement fondés sur une stratégie de garantie collective ne représentent évidemment pas la majorité des cas de recours interétatiques. La plupart du temps, les trois grands

[208] H. LABAYLE, *loc. cit.*, note 159.
[209] P.-H. IMBERT, *loc. cit.*, note 103.

objectifs poursuivis par les Etats lorsqu'ils forment leur plainte en matière de droits de l'homme[210] se mêlent entre eux (à l'exception peut-être des recours formés dans l'unique optique d'assurer une protection diplomatique). Autrement dit, la garantie collective n'est pas exclusive de tout autre intérêt. Ainsi, les recours des États qui répondent à la fois à l'intérêt collectif de protection et à des intérêts plus politiques ou privés doivent aussi être compris dans le mécanisme de garantie collective. En clair, la distinction des recours interétatiques selon les intérêts qui les motivent est poreuse. La garantie collective doit être présentée comme acceptant des intérêts cumulatifs et non alternatifs. Ce cumul des intérêts est d'autant plus important que les actions contentieuses des États, quel que soit le contexte international ou régional, ne sont jamais totalement désintéressées[211]. Il existe toujours des soubassements politiques[212] qui fort heureusement n'empêchent aucunement les organes de protection de se charger de l'affaire[213]. Cela n'a d'ailleurs rien de spécifique au droit international des droits de l'homme puisque l'ensemble du contentieux international est touché par des affaires intrinsèquement politiques[214]. Finalement le recours

---

[210] Voir *supra*, pp. 35-37.

[211] W. A. SCHABAS, *op. cit.*, note 79, p. 725.

[212] I. RISINI, G. ULFSTEIN, A. ZIMMERMANN, *op. cit.*, note 118 : « Traditionally, a distinction is drawn between purportedly altruistic inter-State applications on the one hand and seemingly self-interest driven litigation on the other. Yet (...) each and every such application, regardless of its altruistic or self-centered character, also constitutes an inherently political step ».

[213] C.E.D.H., *Ukraine c. Russie (Crimée)* (déc.) [GC], n°20958/14 et n°38334/18, 16 décembre 2020, § 272 : « La Cour est consciente que ces questions comportent inévitablement une dimension politique. Ce seul élément ne suffit pas pour autant à les priver de leur caractère juridique. D'ailleurs, la Cour n'a jamais refusé d'examiner une affaire introduite devant elle au seul motif qu'elle aurait des implications politiques ».

[214] La C.I.J. n'a jamais décidé de restreindre sa compétence selon des considérations purement politiques, puisque dans tout affaire il existe évidemment des intérêts de la sorte. Voir par exemple l'arrêt C.I.J., *Personnel diplomatique et consulaire des États-Unis à Téhéran (États-Unis d'Amérique c. Iran)*, arrêt du 24 mai 1980, *Rec.* 1980, p. 20, § 37 : « Nul n'a cependant jamais prétendu que, parce qu'un différend juridique soumis à la Cour ne constitue qu'un aspect d'un différend politique, la Cour doit se refuser à résoudre dans l'intérêt des parties les questions juridiques qui les opposent [...] si la Cour contrairement à sa jurisprudence constante, acceptait une telle

interétatique purement et uniquement motivé par l'intérêt collectif est un cas d'école, et seuls les États nordiques européens ont su donner une illustration pratique qui n'aura sûrement plus l'occasion de se reproduire[215].

Dès lors, l'incitation à l'usage du recours interétatique en cas de violation des droits de l'homme passe par une ouverture de la garantie collective à une réalité, celle de la coexistence systématique de l'intérêt collectif avec des intérêts nationaux. I. RISINI le résume parfaitement : « The inter-State application does not exclude private litigation, thus, litigation which serves, besides the enforcement of human rights, also other purposes. This open design renders the mechanism even more attractive for states »[216]. Ainsi, plutôt que de concevoir binairement une séparation entre les recours interétatiques qui sont motivés par l'objectif de garantie collective et ceux qui ne le sont pas, il est préférable de concevoir une échelle des recours interétatiques selon le degré d'importance que représente l'intérêt collectif dans la motivation de l'État. En prenant le système européen de protection comme exemple, les affaires récentes de conflits armés et de violations massives des droits de l'homme en Europe de l'Est sur les territoires des États requérants semblent faire office de premier degré[217]. Les recours qui en sont issus sont d'abord motivés par des considérations nationales, mais il y a toujours au fond un intérêt européen, celui du maintien de

---

conception, il en résulterait une restriction considérable et injustifiée de son rôle en matière de règlement pacifique des différends internationaux ».

[215] Com. E.D.H., *Danemark, Norvège, Suède et Pays-Bas c. Grèce (I)*, rapport du 5 novembre 1969, req. n°3321/67 à 3323/67 et 3344/67 ; Com. E.D.H., *France, Norvège, Danemark, Suède, Pays-Bas c. Turquie*, décision du 6 décembre 1983, req. n° 9940-9944/82.

[216] I. RISINI, *op. cit.*, note 26, p. 45, ce qui lui fait même dire que : « The combination of collective enforcement and dispute settelement functions, in fact, seems to be the key feature for the relative success of the inter-State mechanism under the Convention » (p. 66).

[217] Par exemple l'affaire Géorgie c. Fédération de Russie (II) concernait les violations commises dans les régions d'Ossétie du Sud et d'Abkhazie en 2008, situation qui relève d'abord d'un intérêt national pour la Géorgie, mais qui a aussi un impact plus large quant aux conditions de paix et de respect des droits de l'homme sur les anciens territoires de l'ex-URSS ; C.E.D.H., *Géorgie c. Russie (II)* [GC], n°38263/08, arrêt du 21 janvier 2021.

l'ordre public des droits de l'homme[218]. Le second degré est constitué des États qui agissent grâce au mécanisme de garantie collective mais qui ont indéniablement des intérêts nationaux dans l'affaire. Tel est le cas par exemple des premières affaires devant la Com. E.D.H. opposant la Grèce et le Royaume-Uni s'agissant de l'île de Chypre[219], et opposant l'Autriche à l'Italie s'agissant des jeunes germanophones accusés de meurtre devant les juridictions italiennes[220]. Le troisième et dernier degré n'est autre que celui des recours exercés avec pour seul objectif la protection collective des droits de l'homme[221].

Ce pluralisme d'intérêt fait donc des recours interétatiques en matière de garantie collective des droits de l'homme une catégorie protéiforme et hétérogène. Mais il vaut mieux s'ouvrir à la diversité des intérêts que se restreindre à une homogénéité fictive. De même il vaut mieux permettre aux États de concrétiser l'objectif de garantie collective en s'alliant dans une même affaire que d'interdire les recours multiples sur une même espèce (ce qui serait tout à fait contraire à la philosophie de la garantie collective et aux dispositions des conventions organisation la procédure de recours interétatique). Cette ouverture du recours à un pluralisme de requérants s'inscrit tant dans

---

218 Ce qui aurait d'ailleurs pu inciter d'autres États à agir au soutien du recours des États directement concernés par les violations massives ; à titre d'exemple I. RISINI s'étonne qu'aucun État ne se soit joint à la requête géorgienne de 2008, *op. cit.*, note 26, p. 151.
219 La Grèce poursuivait certes un intérêt collectif mais envisageait aussi une annexion de l'île et une protection des citoyens d'origine grecque ; *ibid.*, p. 76 : « The case can be seen as an example of kin-State litigation, whereby a State asserts a guardian role for a related minority in another country. Even if Greece had its main motives beyond the protection of human rights, the case shows that private interest litigation can be helpful for the cause of human rights » ; Com. E.D.H., *Grèce c. Royaume-Uni (I)*, rapport du 26 septembre 1958, req. n°176/56 ; Com. E.D.H., *Grèce c. Royaume-Uni (II)*, rapport du 8 juillet 1959, req. n°299/57.
220 Exemple repris par W. A. SCHABAS, *loc. cit.*, note 160, pour illustrer ce qu'est justement un recours 'mixte' : « Austria was not acting on behalf of its nationals in the strict sense, but nor can it be said that this was a neutral and disinterested attempt to apply the Convention in order to enforce Europe's common public order » ; Com. E.D.H., *Autriche c. Italie*, rapport du 30 mars 1963, req. n°788/60.
221 Voir *supra*, note 215.

l'intérêt des droits de l'homme que dans celui des États eux-mêmes. En effet, la garantie collective permet à n'importe quel État partie à une convention de protection des droits de l'homme d'agir à l'encontre d'un autre État qui violerait les droits garantis. Dès lors, tous les États parties peuvent en théorie agir simultanément pour une même situation. Rien d'étonnant puisque littéralement le terme de « garantie collective » permet d'envisager des « recours collectifs ». Mais au-delà de la simple logique verbale, cette possibilité de coexistence de plusieurs recours interétatiques sur une même affaire, et à l'encontre d'un même État, est un facteur majeur d'incitation à user du mécanisme contentieux.

Le premier avantage de cette ouverture est la réalisation d'un effet de groupe à l'échelle interétatique. Les États qui constatent une violation des droits de l'homme dans le système de protection sont souvent réticents à agir devant un organe juridictionnel ou quasi-juridictionnel. Ils font face à des « dilemmes politiques »[222] dans lesquels le soutien juridique d'un autre État par un recours similaire peut faire pencher la balance en faveur d'une action judiciaire. Tel fut le cas dans l'affaire turque où le Ministre des affaires étrangères néerlandais M. VON DER STOEL affirma *a posteriori* : « it is simply for political reasons that it is not easy to do it alone, because then you get the full blast from the regime… it is never pleasant for a government to be the only one »[223]. La crainte pour l'État solitaire est donc de s'exposer à une réplique de l'État défendeur, sur le plan politique et diplomatique mais aussi économique. Or, l'action simultanée de plusieurs États sous forme de coalition permet de supporter une moindre charge ou plus directement d'éviter toute réplique d'un État défendeur désormais en position de faiblesse (du moins numérique). Ce dernier aura ainsi davantage intérêt à

---

[222] P.-H. IMBERT, *loc. cit.*, note 14.

[223] Interviews des 25 mars et 14 mai 1987, reprises par S. LECKIE, *op. cit.*, note 26, p. 295, selon lequel : « It appears that if there had not been a collective effort by the five states acting together the complaint may never have been filed. It is doubtful that the Netherlands would have undertaken this complaint by themselves ».

tenter une procédure de négociation ou de règlement amiable[224] afin de ne pas s'attirer les foudres de l'ensemble des États parties qui sont plus susceptibles de soutenir la coalition contentieuse[225]. C'est d'ailleurs justement la solution qui fut donnée à l'affaire turque puisque les États parties ont conclu un accord mettant fin à la procédure devant la Commission[226]. En l'espèce il est à remarquer que c'est la Turquie, État défendeur, qui fut à l'initiative de plusieurs étapes dans le processus de règlement amiable[227].

Le second avantage du pluralisme de requérants est la dépolitisation des plaintes qu'il induit. En effet, un recours groupé permet de faire comprendre à la fois à l'opinion publique mais aussi à l'État défendeur qu'il n'est pas seulement motivé par des intérêts nationaux purement égoïstes. Car un État requérant seul peut craindre une réponse victimaire de l'État défendeur qui, peut-être démagogiquement, choisira de le faire passer pour un ennemi politique qui n'a en réalité que faire des droits de l'homme. Là encore dans l'affaire turque mais aussi dans l'affaire grecque, le gouvernement néerlandais

---

[224] En réalité la procédure de règlement amiable, peu importe la forme et les circonstances du recours interétatique, revêt toujours un intérêt certain, aussi bien dans le système universel qu'européen. Voir à ce sujet le symposium « Inter-State Cases under the ECHR » : D. KEANE, « Towards an 'Amicable Solution' in the Universal Human Rights System », *Völkerrechtsblog*, International Law & International Legal Thought, 2021 ; H. KELLER, R. PISKOTY, « Friendly Settlements as the Sleeping Beauty in Inter-State Cases », *Völkerrechtsblog*, International Law & International Legal Thought, 2021 ; N. WENZEL, « Rethinking Friendly Settlements under the European Convention on Human Rights », *Völkerrechtsblog*, International Law & International Legal Thought, 2021.

[225] S. LECKIE, *op. cit.*, note 26, p. 296, reprenant encore une fois les termes de M. VON DER STOEL : « The state receiving the complaint will feel 'now we are really at risk getting a bad name' and still most States do not like to be exposed and to get such a bad name ».

[226] Com. E.D.H., *France, Norvège, Danemark, Suède, Pays-Bas c. Turquie,* rapport du 7 décembre 1985, req. n° 9940-9944/82, § 41. Le règlement amiable est aussi évidemment possible pour les recours formés par un seul État, par exemple le règlement amiable obtenu dans l'affaire Danemark c. Turquie : C.E.D.H., *Danemark c. Turquie (*règlement amiable), n° 34382/97, arrêt du 5 avril 2000, CEDH 2000-IV.

[227] *Ibid.*, §§ 21-26, la Turquie invitant elle-même la Commission à réaliser une visite sur son territoire.

redoutait qu'en agissant seul il soit qualifié d'anti-turc ou d'anti-grec[228]. Le soutien de d'autres États permet d'éviter ces critiques politiques. S. LECKIE souligne justement cet effet vertueux des recours simultanés : « The procedure tends to lose its political dimension if several states complaint simultaneously against another state »[229].

Malgré ces avantages, les recours conjoints de plusieurs États ne furent utilisés que dans le système européen de protection, et seulement aux deux reprises précédemment mentionnées (les États requérants étant à chaque fois les mêmes, excepté la France qui n'a pris part qu'à l'affaire turque). Pourtant, les occasions ne semblent pas manquer. Il aurait été par exemple intéressant qu'en parallèle des condamnations politiques par les États européens de l'invasion russe en Ukraine, certains se joignent au recours ukrainien mené devant la Cour européenne des droits de l'homme[230]. Il n'en demeure pas moins que la garantie collective et les conséquences pratiques qui en découlent permettent donc d'inciter à l'usage du recours interétatique. Néanmoins, une fois engagés dans cette procédure contentieuse, il faut que les États ne se trouvent pas coincés dans un dédale judiciaire nuisant à la protection des droits de l'homme. En plus d'inciter au moment de la formation du recours, la garantie collective doit donc également, autant que faire se peut, faciliter l'étude du recours par l'organe de protection.

§ 2 – La facilitation du recours interétatique

Le recours interétatique en matière de droits de l'homme, tout comme n'importe quel recours en droit international, n'est jamais une décision aisée ou anodine. Toutefois, la garantie

---

[228] Interview de M. VON DER STOEL, *in* S. LECKIE, *op. cit.*, note 26, p. 295 : « if the Dutch had proceeded alone in these two cases, they would have been labeled as anti-Turk and anti-Greek ».

[229] S. LECKIE, *ibid.*, p. 297.

[230] Requête n° 11055/22 introduite le 28 février 2022 par le gouvernement ukrainien contre la Fédération de Russie, et pour laquelle la Cour a indiqué le 1er mars 2022 des mesures provisoires face au « risque réel et continu de violations graves des droits découlant de la Convention européen » pour la population civile (Communiqué de presse C.E.D.H. du 4 mars 2022).

collective des droits permet dans une moindre mesure d'en faciliter l'usage. Les recours interétatiques motivés en partie ou en totalité par l'intérêt commun de protection se trouvent avantagés par plusieurs règles procédurales. En effet, les recours interétatiques fondés sur une garantie collective, et plus précisément, s'agissant de violations massives et généralisées des droits, sont facilités par deux moyens : ils n'ont pas à prouver, au stade de la recevabilité, l'épuisement des voies de recours internes, et bénéficient même d'une priorité sur l'étude des recours individuels découlant des violations invoquées.

S'agissant d'abord de la facilitation au stade de la recevabilité, il faut rappeler qu'en principe les recours interétatiques, tout comme les recours individuels, ne sont recevables devant les organes de protection des droits de l'homme que si les voies de recours internes ont été épuisées[231]. Cette règle issue du droit international coutumier [232] a pour but de ménager les souverainetés des États et de préserver une priorité aux juridictions nationales dans l'étude des situations « individuelles ». En matière de droits de l'homme, cette condition d'épuisement des voies de recours internes semble à la fois paradoxale et nécessaire. Paradoxale ou « scorie »[233] d'abord car il y a fort à parier qu'un État qui viole les droits humains de ses ressortissants n'offre pas des voies de recours internes suffisantes et satisfaisantes[234]. Nécessaire néanmoins car une telle condition de recevabilité est « sécurisante pour les

---

[231] Article 11 § 3 de la C.I.E.R.D. ; article 46 § 1 a. de la Conv. A.D.H. ; article 35 § 1 de la Conv. E.D.H. ; article 50 de la Charte A.D.P.H.

[232] C.I.J., *Affaire de l'Interhandel (Suisse c. États-Unis d'Amérique)*, exceptions préliminaires, arrêt du 21 mars 1959, *Rec.* 1959, p. 27 : « La règle selon laquelle les recours internes doivent être épuisés avant qu'une procédure internationale puisse être engagée est une règle bien établie du droit international coutumier ; elle a été généralement observée dans les cas où un État prend fait et cause pour son ressortissant dont les droits auraient été lésés dans un autre État en violation du droit international ». Voir aussi la rédaction de l'article 11 § 3 de la C.I.E.D.R. selon laquelle cette règle s'applique « conformément aux principes de droit international généralement reconnus ».

[233] F. SUDRE, *op. cit.*, note 23, p. 336.

[234] Fort heureusement seuls les recours « effectifs » doivent être épuisés : Com. E.D.H., *Chypre c. Turquie*, rapport du 4 juin 1999, req. n° 25781/94, § 126.

États, contrebalance et rend possible l'audace de la reconnaissance du droit de recours individuel »[235]. Toutefois, cette condition doit-elle s'appliquer aux recours interétatiques en matière de droits de l'homme ? *A priori,* il serait normal d'y faire exception tant les recours interétatiques semblent en général être moins concernés par des conditions de recevabilité que les recours individuels devant les organes de protection[236]. Pourtant, pris dans leur ensemble les recours interétatiques ne semblent pas échapper à cette condition d'épuisement des voies de recours internes[237]. Il faut en réalité faire une distinction entre les recours étatiques intéressant des violations ciblées sur des individus précisément identifiés, et les recours étatiques visant plus globalement des violations massives et généralisées. Les premiers se voient appliquer la condition d'épuisement quand les seconds peuvent y faire exception. La C.E.D.H. l'a parfaitement expliqué dans son arrêt *Irlande c. Royaume-Uni* du 18 juillet 1978[238] : « cette règle vaut pour les requêtes étatiques comme les requêtes individuelles quand l'État demandeur se borne à dénoncer une ou des violations prétendument subies par des particuliers auxquels il se substitue en quelque sorte ». Cependant et inversement « elle ne s'applique en principe pas s'il attaque une pratique en elle-même, dans le but d'en empêcher la continuation ou le retour »[239]. Ainsi à l'échelon

---

[235] F. SUDRE, *supra.*

[236] A titre d'exemple au sein du système européen, I. RISINI, *op. cit.*, note 26, p. 49 : « The inter-state application is subject to fewer admissibility requirements than individual applications under article 34 ECHR ».

[237] Quand bien même ils ne sont pas explicitement mentionnés dans les articles prévoyant la condition d'épuisement ; par exemple l'article 35 § 1 de la Conv. E.D.H. : « La Cour ne peut être saisie qu'après l'épuisement des voies de recours internes, tel qu'il est entendu selon les principes de droits international généralement reconnus et dans un délai de six mois à partir de la date de la décision interne définitive ». Le doute était donc permis, d'autant plus que l'article 35 suit directement l'article 34 propre aux recours individuels et s'intéresse spécifiquement aux conditions de recevabilité de ces derniers dans ses § 2 et § 3.

[238] C.E.D.H., *Irlande c. Royaume-Uni,* arrêt du 18 janvier 1978, Série A, n°25, § 159.

[239] *Ibid.*, en ce sens voir également : C.E.D.H., *Géorgie c. Russie (I)* (déc.), n°13255/07, 30 juin 2009, § 40 ; C.E.D.H., *Ukraine c. Russie (Crimée)* (déc.) [GC], n°20958/14 et n°38334/18, 16 décembre 2020, § 363. Dans le système

interétatique les affaires concernées par cette règle d'épuisement des voies de recours sont principalement celles qui relèvent d'une stratégie de protection diplomatique[240]. Les recours interétatiques qui souhaitent faire exception à cette condition doivent prouver la présence de « mesures qui s'inscrivent dans le cadre d'une politique décidée et coordonnée aux plus hauts niveaux de l'État défendeur et participent donc d'une politique et d'une pratique généralisées »[241]. Or, de telles violations sont si graves qu'indéniablement le recours formé à leur encontre relève d'un intérêt commun de protection, autrement dit de garantie collective.

La garantie collective permet dès lors de passer outre la condition d'épuisement des voies de recours internes, laissant le soin aux États de prouver pour cela une pratique administrative violant les droits garantis conventionnellement[242]. Les deux éléments constitutifs de cette pratique administrative doivent être réunis, c'est-à-dire une répétition des actes de violation, et la tolérance officielle du gouvernement de l'État défendeur à l'égard de ces actes[243]. Il peut également, et plus simplement encore, ne pas avoir lieu d'appliquer la condition d'épuisement quand le recours interétatique concerne des violations par l'État

---

interaméricain la solution fut également consacrée : Com. I.D.H., *Nicaragua c. Costa Rica* (irrecevabilité), 8 mars 2007, affaire interétatique 01/06, rapport n°11/07, § 253. De même devant le C.E.R.D., *Palestine c. Israël*, décision de recevabilité du 30 avril 2021, C/103/R.6, § 62 ; ou devant la C.I.J., *Application de la convention internationale pour la répression du financement du terrorisme et de la convention internationale sur l'élimination de toutes les formes de discrimination raciale (Ukraine c. Fédération de Russie)*, exceptions préliminaires, arrêt du 8 novembre 2019, *Rec.* 2019, p. 46, § 130.

[240] Com. I.D.H., *Équateur c. Colombie* (recevabilité), 21 octobre 2010, affaire interétatique P1-02, rapport n°112/10, § 152 ; C.E.D.H., *Danemark c. Turquie* (déc.), n°34382/97, 8 juin 1999.

[241] C.E.R.D., *Qatar c. Émirats Arabes Unis*, décision de recevabilité du 27 août 2019, C.E.R.D., C/99/4, § 40.

[242] C.E.D.H., *Géorgie c. Russie (I)* (déc.), n°13255/07, 30 juin 2009, § 40.

[243] C.E.D.H., *Ukraine c. Russie (Crimée)* (déc.) [GC], n°20958/14 et n°38334/18, 16 décembre 2020, § 366. La condition de tolérance peut être constituée par l'absence de sanction de l'État défendeur ou plus simplement encore par l'absence d'enquêtes ou d'investigations sur le territoire national (Com. E.D.H., *France, Norvège, Danemark, Suède, Pays-Bas c. Turquie*, décision du 6 décembre 1983, req. n° 9940-9944/82).

défendeur sur le territoire de l'État demandeur[244]. Néanmoins, il est à noter que dans un cas précis, alors même que la stratégie de garantie collective est invoquée, la condition d'épuisement des voies de recours internes vaut toujours. Il s'agit du recours interétatique formé par un État pour défendre des nationaux d'un autre État dont les droits ont été violés par ce dernier. L'État demandeur agit grâce au mécanisme de garantie collective, usant de l'*actio popularis* qui en découle, mais vise uniquement des violations ciblées sur des individus identifiés[245]. Cette situation qui n'est pas un cas classique de protection diplomatique, s'est par exemple concrétisée dans l'affaire *Autriche c. Irlande* devant la Com. E.D.H. qui a affirmé que « le principe sur lequel se fonde la règle de l'épuisement des voies de recours internes et les considérations qui ont amené à l'introduction de celle-ci en droit international général s'appliquent manifestement, à plus forte raison, à un système de protection internationale dont bénéficient les propres ressortissants d'un État aussi bien que les étrangers »[246]. Outre ce cas particulier, il est donc possible d'affirmer que la garantie collective, en ce qu'elle permet à tout État d'agir contre des violations graves et généralisées des droits de l'homme, permet d'échapper à l'une des principales conditions de recevabilité qu'est le nécessaire épuisement des voies de recours internes. Il y a dès lors une différence dans l'étude de la recevabilité entre les recours de garantie collective et les recours dits de protection internationale.

En ce sens, la garantie collective induit aussi une différence de rapidité dans le traitement des recours interétatiques et des recours individuels. En effet, les organes de protection des droits de l'homme ne sont pas uniquement concernés en matière

---

[244] Com. A.D.H., *République Démocratique du Congo c. Burundi, Rwanda et Ouganda*, communication n°227/99, rapport du 29 mai 2003, § 63 : « La Commission note que les violations ayant fait l'objet de la plainte sont paraît-il perpétrées par les États défendeurs sur le territoire de l'État plaignant. Dans ce cas (...) il n'existe pas de voies de recours internes et la question de leur épuisement ne se pose donc pas ».

[245] I. RISINI, *op. cit.*, note 26, p. 55 : « member States can use the inter-State application in favor of individuals regardless of their nationality ».

[246] Com. E.D.H., *Autriche c. Italie*, rapport du 30 mars 1963, req. n°788/60.

contentieuse par des recours interétatiques. Les individus ont aussi accès à leur prétoire, et la place des requêtes individuelles tend à croître de manière exponentielle. La Cour européenne de droits de l'homme est sur ce point la plus touchée. La juridiction comptait en 2021 près de 70 000 requêtes pendantes devant elle, au sein desquelles les requêtes étatiques ne sont qu'une dizaine[247]. Or, un État qui envisage d'agir à l'encontre d'un autre État peut évidemment craindre qu'un organe de protection aussi submergé « dans la paperasse de milliers de requêtes »[248] ne puisse traiter comme il se doit sa demande. En clair, un repli des États pourrait avoir lieu face à la multiplication des recours individuels[249]. Un repli d'autant plus attendu que les requêtes individuelles concernent bien souvent les situations de violations généralisées qui en général font précisément l'objet de recours interétatiques. La disparition des recours interétatiques serait évidemment préjudiciable pour la pérennité du système de garantie collective, mais aussi pour les recours individuels eux-mêmes puisque la solution qui leur est donnée dépend parfois des recours interétatiques formés pour les mêmes circonstances[250]. C'est justement pour ces deux raisons qu'il fut prévu que dans des situations similaires à la fois invoquées par les États et par les individus, une priorité pourra être donnée à l'étude des recours interétatiques[251].

Un exemple de cette priorité a pu être observé dans l'affaire *Géorgie c. Fédération de Russie (I)* qui concernait l'arrestation, la détention et l'expulsion par la Russie de ressortissants géor-

---

[247] Rapport annuel 2021 de le Cour européenne des droits de l'homme, qui compte précisément 70 150 requêtes pendantes au 31 décembre 2021, quand en 2020 la Cour n'en comptait 'que' 62 000.

[248] I. CABRAL BARRETO, « Le droit de recours individuel devant la Cour Européenne des Droits de l'Homme », *R.Q.D.I.*, 2002, vol. 15-2, p. 16.

[249] F. TULKENS, *loc. cit.*, note 126.

[250] I. RISINI, G. ULFSTEIN, « Inter-State Applications under the European convention on Human Rights : Strengths and Challenges », *EJIL : Talk !*, Blog of The European Journal of International Law, 2020.

[251] Faisant craindre alors un effet inverse, c'est-à-dire un encombrement procédural des requêtes individuelles ; voir notamment H. TIGROUDJA, « Could the Collective Guarantee Mechanism be Detrimental to Individuals' International Litigation Capacity ? », *Völkerrechtsblog*, International Law & International Legal Thought, 2021.

giens en 2006. Évidemment plusieurs requêtes individuelles furent formulées à l'encontre de la Russie parallèlement au recours du gouvernement géorgien. La Cour européenne décida ainsi d'ajourner l'étude des recours individuels afin d'attendre la solution qui serait donnée au recours étatique de la Géorgie[252]. La Cour affirma néanmoins, et à raison, que le recours interétatique n'excluait nullement l'étude des recours individuels quand bien même les faits soulevés seraient les mêmes[253]. Une fois la solution donnée dans l'affaire interétatique la Cour reprend les recours individuels, mais peut décider d'ajourner à nouveau en cas d'attente d'une solution interétatique en matière de satisfaction équitable [254]. Cette priorité semble justifiée dans les systèmes où la mission d'assurer la garantie collective revient aux États. Un autre élément permet aussi d'expliquer cette priorité : la solution judiciaire du différend interétatique peut ensuite conduire l'organe saisi à traiter plus rapidement, et avec une plus grande cohérence, notamment factuelle, les recours

252 C.E.D.H., *Berdzenishvili and others v. Russie*, arrêt du 20 décembre 2016, req. n° 14594/07, 14597/07, 14976/07, 14978/07, 15221/07, 16369/07 et 16706/07, § 4 : « a Chamber of the former Fifth Section decided to communication the applications to the Government for information and to adjourn their examination pending the outcome of the proceedings in the inter-State case Georgia v. Russia (I) ».

253 *Ibid.*, § 37 ; reprenant ainsi la solution déjà affirmée par la Cour s'agissant des recours individuels des ressortissants chypriotes dans l'affaire *Chypre c. Turquie :* C.E.D.H., *Varnava and other v. Turkey*, arrêt du 18 septembre 2009, req. n° 16064/90 à 16073/90. La Cour affirme que : « for an application to be substantially the same as another which has already been examined (…) it must concern substantially not only the same facts and complaints but be introduced by the same persons. It is therefore not the case that by introducing an inter-State application an applicant Government thereby deprives individual applicants of the possibility of introducing, or pursuing their own claims ».

254 C'est précisément ce que fît la Cour s'agissant des demandes en indemnisation des requérants géorgiens, puisque la question de la satisfaction équitable entre la Géorgie et la Russie n'avait pas encore été tranchée : C.E.D.H., *Berdzenishvili and others v. Russie*, arrêt du 20 décembre 2016, §§ 147-148. Après l'arrêt C.E.D.H., *Géorgie c. Russie (I)* (satisfaction équitable) [GC], n°13255/07, 31 janvier 2019, la Cour décida de reprendre les sommes déterminées et de les appliquer sans surplus aux requérants : C.E.D.H., *Berdzenishvili and others v. Russie* (satisfaction équitable), arrêt du 26 mars 2019, § 11.

individuels qui concernent les mêmes faits. Cette priorité permet donc à l'organe de disposer d'une meilleure vue d'ensemble et de trouver déjà les pistes du responsable des violations alléguées avant de se plonger dans la multitude des affaires plus précises. Sur le plan théorique, cette priorité pourrait ainsi ressembler à une méthode en entonnoir. Mais cette faveur de traitement des recours interétatique trouve malgré tout une limite. Celle-ci tient à ce que les recours individuels ne soient pas désavantagés outre mesure par cette priorité interétatique, d'autant plus quand ils constituent, au moins numériquement, la « clé de voûte » du système de protection[255]. Autrement dit, cette priorité ne doit pas être contre-productive et nuire au rôle tout aussi crucial des requêtes individuelles. Car si les États ont, au moins en apparence, le monopole de la garantie collective, les individus peuvent parfois y participer[256], ne justifiant dès lors plus aucune priorité.

En somme, la garantie collective des droits constitue non seulement l'intérêt le plus élevé du recours interétatique, mais aussi l'un des éléments permettant d'en inciter et faciliter l'usage par les États. Toutefois, dans cette quête des intérêts persistants du recours interétatique devant les organes de protection des droits l'homme, il faut peut-être revenir à l'essentiel : les États souhaitent avant tout défendre leurs propres intérêts[257]. Le recours interétatique n'est donc pas uniquement un moyen de garantir un ordre public international ou régional. Il est surtout et plus simplement un moyen pour les États de protéger leurs intérêts face aux violations des droits de l'homme touchant leurs ressortissants, leur territoire, ou plus indirectement leurs motivations politiques et économiques.

---

[255] C.E.D.H., *Klass et autres c. Allemagne*, arrêt du 6 septembre 1978, req. n° 5029/71, § 34.

[256] T. BUERGENTHAL, *op. cit.*, note 94, p. 796, notamment dans le système interaméricain.

[257] R. WOLFRUM, « Enforcing Community Interests through International Dispute Settlement », *in* U. FASTENRATH, R. GEIGER, D-E. KHAN, A. PAULUS, S. VON SCHORLEMER et C. VEDDER (dir.), *From Bilateralism to Community Interest, Essay in Honour of Bruno Simma*, Oxford, Oxford University Press, 2011, p. 1140.

CHAPITRE II

Le recours interétatique comme stratégie nationale de protection des droits de l'homme

Si la protection des droits de l'homme est l'un des domaines les plus à même de connaître une stratégie collective en matière de recours interétatiques, l'intérêt commun qui y fut affirmé n'a jamais fait disparaître l'intérêt purement individuel des États. Leurs recours totalement altruistes se font rares[258] quand bien même le droit pénal international en donne quelques exemples récents[259]. Ainsi, la grande majorité des recours interétatiques relève d'une stratégie nationale de protection des droits de l'homme. Derrière cette stratégie se cachent, il est vrai, des motivations plus 'égoïstes'. Car les États agissent en réalité le plus souvent au cours de conflits politiques préexistants, les concernant directement et dépassant le seul cadre juridique du

---

[258] C. J. TAMS, « Individual States as Guardians of Community Interests », *in* U. FASTENRATH, R. GEIGER, D-E. KHAN, A. PAULUS, S. VON SCHORLEMER et C. VEDDER (dir.), *From Bilateralism to Community Interest, Essay in Honour of Bruno Simma*, Oxford, Oxford University Press, 2011, p. 388.

[259] Voir notamment les renvois au titre de l'article 14 du Statut de Rome dans l'affaire vénézuélienne puis dans l'affaire ukrainienne. Six États ont en effet demandé au Procureur de la C.P.I. le 27 septembre 2018 d'ouvrir une enquête sur de potentiels crimes contre l'humanité commis sur le territoire du Venezuela (enquête qui fut ouverte le 3 novembre 2021 après l'examen préliminaire). De même quarante-trois États ont renvoyé la situation du conflit armé opposant la Russie à l'Ukraine devant le Procureur de la C.P.I. dont l'enquête a débuté le 2 mars 2022.

recours envisagé. Les enjeux politiques sont tels qu'une solution juridique apportée par un organe de protection ne suffira pas à elle-seule pour mettre un terme au conflit [260]. L'insuffisance du recours interétatique pour régler la situation ne veut pas dire néanmoins que la décision de saisir la juridiction ou l'organe quasi-juridictionnel se fait de manière irréfléchie. Bien au contraire, les États procèdent à une balance précise des avantages et inconvénients d'une telle procédure avant de décider ou non d'y avoir recours[261]. Autrement dit, les États forment un recours interétatique en suivant des stratégies politiques (Section I) et judiciaires (Section II) prédéfinies.

SECTION I. LA STRATEGIE POLITIQUE DU RECOURS INTERETATIQUE

Au-delà de ses fonctions juridiques de garantie collective ou de règlement des différends[262] le recours interétatique est aussi un instrument politique[263]. Cela semble tout à fait logique

---

[260] E. BATES, « History and typology of Inter-State proceedings under the ECHR », *Affaires interétatiques en vertu de la Convention européenne des droits de l'homme*, Actes de la Conférence organisée sous l'égide de la Présidence allemande du Comité des Ministres, Conseil de l'Europe, 2021, p. 23 : « there is no avoiding the reality that some inter-state cases concern ongoing political disputes the ultimate resolution of which relies on political processes ».

[261] Au point même d'étudier le coût financier supposé du recours interétatique ; en ce sens A. MIRON, « Le coût de la justice internationale : enquête sur les aspects financiers du contentieux interétatique », *A.F.D.I.*, 2014, vol. 60, p. 241 : « En vérité, la décision de saisir un tiers juridictionnel est un choix mûri à la lumière de considérations de stratégie juridique. […] si les questions économiques ne sont point déterminantes pour la décision d'engager la procédure, le coût financier de celle-ci fait partie des paramètres que les décideurs nationaux doivent néanmoins prendre en considération ».

[262] Pour reprendre le titre de l'ouvrage de I. RISINI, *The Inter-State Application under the European Convention on Human Rights : Between Collective Enforcement of Human Rights and International Dispute Settlement*, Leiden-Boston, Brill Nijhoff, International Studies in Human Rights, vol. 125, 2018.

[263] P. LEACH, *op. cit.*, note 106, p. 47 : « In our experience, governmental submissions can be extremely selective, distinctly politicised and sometimes raise dubious legal arguments – no doubt a consequence of the highly charged context, meaning that political pressurs are foremost ».

puisque la requête étatique en matière de droits de l'homme touche des situations politiques par nature[264]. Dans de telles situations, le recours interétatique entre dans un arsenal large et diversifié de moyens de pression à disposition des États pour réagir aux violations des droits de l'homme. Il n'est certes pas la pièce maîtresse, puisque sont menées en parallèle des négociations diplomatiques, ou des sanctions économiques, mais son utilisation trouve un réel intérêt. En effet, le recours interétatique peut permettre d'affronter politiquement sur la scène internationale un État en dénonçant les violations qu'il commet au cours d'une situation extrêmement conflictuelle (§ 1) mais aussi de tenter une pacification du conflit sur le plan politique[265] (§ 2).

§ 1 – Le recours interétatique pour dénoncer

Les violations des droits de l'homme n'apparaissent pas en général de manière occasionnelle dans des contextes politiques pacifiques. Bien au contraire, les droits garantis conventionnellement sont bafoués dans des situations politiques d'ores et déjà conflictuelles. Qu'il s'agisse de tensions diplomatiques historiques entre deux camps, ou de conflits armés touchant les populations civiles, les droits de l'homme peinent à être respectés par les États dans de telles circonstances[266]. Or, ces querelles ou affrontements sont loin d'avoir disparu de la surface du globe. Sur les cinq continents persistent encore des différends majeurs entre États, au cours desquels les droits de l'homme sont malmenés par négligence, ou violés par malveillance. Dans de tels conflits, l'État n'est évidemment pas uniquement tourné vers la protection des droits de l'homme. Bien des choses lui importent : le respect de sa souveraineté, la défense de ses frontières, la préservation de ses intérêts économiques, le maintien de ses relations diplomatiques…

---

[264] S. LECKIE, *op. cit.*, note 26, p. 254 : « the existence of political motivation for inter-state complaints supports the viewpoint that human rights are political matters and not entitlements founded on principles of justice ».
[265] *Ibid.*, p. 256.
[266] M. SOGNIBE SANGBANA, *La sanction internationale de la violation des droits de l'homme*, Paris, Pedone, 2018, p. 37.

C'est donc quand le recours interétatique pour protéger les droits de l'homme est compatible avec l'ensemble de ces considérations, jugées vitales par l'État, que ce dernier choisira de le former. Dès lors, la plainte étatique apparaît davantage comme un outil multifonctions[267] que comme une arme uniquement dégainée pour défendre les droits de l'homme. Elle n'est pas l'épée de Damoclès pouvant à tout moment marquer la fin d'un conflit mais elle permet, dans une juste mesure, de faire pression[268] en dénonçant des faits marquants pour l'opinion publique et pour l'ensemble des dirigeants du monde. En clair, le recours interétatique, à défaut de constituer une menace juridique ultime, assure un message fort, celui de la condamnation politique, celui de l'intransigeance. Pour s'en convaincre il suffit de jeter un œil aux dernières affaires interétatiques qui interviennent quasiment toutes dans des contextes politiques extrêmement tendus.

Il s'agit aujourd'hui principalement de conflits armés. Or les organes de protection des droits de l'homme n'ont pas initialement vocation à connaître de telles situations. La gravité substantielle des violations qui en résulte ainsi que leur ampleur quantitative semblent dépasser la compétence des cours ou organes quasi-juridictionnels[269]. De plus, il demeure compliqué, si ce n'est impossible, pour un organe de protection des droits de

---

[267] A. MONDRE, « Studying the increase in Inter-State Applications », A*ffaires interétatiques en vertu de la Convention européenne des droits de l'homme*, Actes de la Conférence organisée sous l'égide de la Présidence allemande du Comité des Ministres, Conseil de l'Europe, 2021, p. 48 : « An Inter-State application can be viewed as another piece in the diplomatic toolbox ».

[268] H. LABAYLE, *op. cit.*, note 138, pp. 574-575, qui dressait un panorama de l'utilisation de l'ancien article 24 de la Conv. E.D.H. par les États dans le système européen et qui constatait que : « la pratique de l'article 24 fait clairement apparaître un soubassement politique dans la majeure partie des affaires ». Il écrit alors que contrairement au recours individuel le recours interétatique possède une fonction particulière constituée par « la volonté de pression ou d'incitation [qui] est ici autant présente que celle de la sanction ».

[269] F. SUDRE, *op. cit.*, note 66, p. 264, abordant le cas de la C.E.D.H. : « Les recours interétatiques visent dans la majorité des cas à porter devant la Cour un différend politique, s'inscrivant dans un contexte de conflit armé. Cela ne relève pas de la vocation naturelle d'un organe de protection des droits de l'homme. D'autant que la Cour n'est pas armée pour connaître de ces requêtes qui s'inscrivent dans le cadre du droit international des conflits armés ».

l'homme de résoudre à lui seul un conflit armé, dont il ne connaît au titre du recours qu'une partie des circonstances. Néanmoins, les États ont parfaitement conscience de l'insuffisance du recours interétatique. Peu importe pour eux, car en réalité les objectifs poursuivis sortent bien souvent du cadre juridique. Si cette dimension politique est évidemment implicite, puisqu'elle n'est pas exposée clairement devant l'organe de protection, il est aisé d'en comprendre le contenu.

L'objectif est d'abord pour l'État d'attirer l'attention de la scène internationale sur le conflit qu'il subit et dont il estime être la victime. C'est en somme un moyen de dénonciation à destination de l'ensemble de la communauté internationale. Le recours devient un moyen de communication permettant de trouver un soutien diplomatique auprès d'États plus puissants sur les plans politiques, économiques, mais aussi militaires. Il est donc peut-être encore plus intéressant de former un recours interétatique quand le rapport de force est déséquilibré au profit de l'État qui a initié le conflit armé et potentiellement violé les droits de l'homme[270]. Mais le recours est aussi un message envoyé aux ressortissants de l'État requérant. Le gouvernement montre ainsi à ses citoyens qu'il ne compte pas laisser des crimes impunis et qu'il compte faire respecter leurs droits[271].

Le recours interétatique permet ensuite de créer une dualité rhétorique entre l'État requérant qui serait naturellement en conformité avec les règles, les principes et valeurs du droit international, et l'État défendeur qui à l'inverse n'aurait que faire des traités internationaux et des juridictions internationales. Des exemples de cette rhétorique peuvent être trouvés dans les formulations employées par les autorités dans leurs discours officiels, mais aussi plus directement lors des audiences devant les organes de protection. Ainsi, à titre d'illustration, dans sa plaidoirie devant la C.I.J., A. KORYNEVYCH, agent de l'Ukraine dans l'affaire l'opposant à la Russie depuis son invasion armée, affirme : « The fact that Russia's seats are empty speaks loudly.

---

[270] A. MONDRE, *op. cit.*, note 266, p. 49 : « Such a strategy aims to discredit the other government in the eyes of the international community. This may be particularly attractive to small states facing a more powerful opponent. »
[271] *Ibid.*, p. 48.

There are not here in this court of law. They are on a battlefield, waging aggressive war against my country. This is how Russia solves disputes. But Ukraine has another position and respects international law and this court »[272].

L'exemple le plus parlant s'agissant de l'intérêt politique du recours lors d'un conflit armé est justement celui de l'Ukraine et de la Fédération de Russie. Depuis 2014, la Russie a en effet mené plusieurs opérations armées en Crimée tout en soutenant l'action militaire de groupes séparatistes dans l'Est du territoire ukrainien. Plus récemment, depuis février 2022, le conflit s'est largement intensifié avec l'invasion massive des troupes russes dans le Sud, le Nord et l'Est de l'Ukraine. Ces tensions politiques et armées sur le continent européen ont évidemment donné lieu à de multiples violations des droits de l'homme et donc à plusieurs recours interétatiques. L'Ukraine a multiplié les plaintes à l'encontre de la Russie, devant la C.E.D.H.[273] mais

---

[272] Compte rendu de l'audience publique du 7 mars 2022 devant la C.I.J., *Affaire relative à des allégations de génocide au titre de la convention pour la prévention et la répression du crime de génocide (Ukraine c. Fédération de Russie)*, plaidoirie introductive de l'Ukraine par son agent A. KORYNEVYCH, p. 14.

[273] L'Ukraine a formé dix requêtes à l'encontre de la Russie depuis 2014. Huit d'entre elles concernent des violations ayant eu lieu au cours du conflit armé. La première fut introduite le 13 mars 2014 (requête n° 20958/14) mais la Cour décida le 9 février 2016 de diviser l'affaire en deux laissant à la première requête le soin d'étudier la situation en Crimée et en joignant la seconde à une autre affaire préexistante (requête n° 8019/16) concernant la situation dans l'Est de l'Ukraine et dans le Donbass. La troisième fut introduite le 27 août 2015 (requête n°42410/15) mais là encore la Cour décida le 25 novembre 2016 de diviser en deux l'affaire, attribuant à la troisième le cas de la Crimée, et à la quatrième la situation dans le Donbass (requête n° 70856/16). La cinquième fut introduite le 11 août 2018 (requête n° 38334) et fut jointe à la toute première requête sur la Crimée (requête n° 20958/14). La sixième fut formée le 29 novembre 2018 s'agissant d'un incident naval dans le détroit de Kertch ayant conduit à la capture de trois navires de la marine ukrainienne (requête n° 55855/18). La septième requête fut introduite le 19 février 2021 s'agissant d'assassinats ciblés contre des opposants politiques russes (requête n° 10691/21). La huitième et dernière requête en date concerne l'invasion russe de février 2022, enregistrée devant la Cour le 28 février 2022 (requête n° 11055/22).

aussi devant la Cour internationale de Justice[274]. Cependant, ces recours, aussi nombreux soient-ils, n'ont pas véritablement pour objet de mettre un terme à ce conflit qui dépasse largement la seule problématique des droits de l'homme. Les autorités ukrainiennes ont usé du recours interétatique pour certes obtenir des mesures judiciaires favorables, mais aussi, et de manière plus immédiate, pour s'appuyer sur le soutien de la communauté internationale. L'exemple de ce conflit permet également de noter que le recours interétatique est utilisé comme un moyen de réaction quasi-automatique à une agression armée. En effet, la nouvelle invasion russe a débuté le 24 février 2022, et seulement quatre jours plus tard, c'est-à-dire le 28 février 2022, l'Ukraine formait un recours devant la Cour européenne des droits de l'homme[275]. Par ailleurs, l'utilisation politique du recours ne fut pas l'apanage de l'Ukraine puisque la Russie n'a pas manqué d'introduire également un recours. Accusant l'Ukraine de nombreuses violations des droits de l'homme, la requête russe semble tenter de justifier politiquement l'action militaire entreprise sur le territoire ukrainien[276]. Cette méthode de réplique à un recours par un autre recours a aussi été employée par l'Azerbaïdjan après une plainte de l'Arménie à son encontre, là encore s'agissant d'un conflit armé, et ce à la fois devant la Cour de Strasbourg et la Cour de La Haye[277]. Les

---

[274] L'Ukraine a saisi la C.I.J. en matière de droits de l'homme en janvier 2017 grâce à la clause compromissoire prévue à l'article 22 de la C.I.E.D.R. La Cour s'est estimée compétente en vertu de cette clause et a rejeté les exceptions préliminaires de la Russie : C.I.J., *Application de la convention internationale pour la répression du financement du terrorisme et de la convention internationale sur l'élimination de toutes les formes de discrimination raciale (Ukraine c. Fédération de Russie)*, exceptions préliminaires, arrêt du 8 novembre 2019, *Rec.* 2019, p. 558, § 134.

[275] Requête n° 11055/22 dont l'affaire a été nommée « *Ukraine c. Fédération de Russie (X)* ». A noter que cette stratégie de recours quasi-immédiat est d'autant plus flagrante s'agissant de la saisine de la C.I.J. puisque l'Ukraine a dès le 26 février 2022 envoyé une requête à la Cour au titre de la Convention pour la prévention et la répression du crime de génocide.

[276] Requête n° 36958/21 introduite le 22 juillet 2021 par la Russie, accusant l'Ukraine de multiples meurtres, enlèvements, déplacements forcés, ou discriminations à l'égard des russophones.

[277] Un mois après le premier recours devant la C.E.D.H. de l'Arménie en date du 27 octobre 2020 (n° 42521/20) l'Azerbaïdjan a formé un recours

accusations tout comme les demandes de mesures provisoires sont les mêmes. Les États ne font que rejeter en bloc leurs responsabilités dans les atrocités commises lors du conflit. Tout cela atteste de l'instrumentalisation du recours, au soutien d'un discours politique qui n'a pas pour objectif premier de pacifier la situation mais bien de renvoyer les accusations sur la partie adverse.

Les risques de cette stratégie politique sont multiples. Le premier est d'amener les États à concevoir l'organe de protection non plus comme un organe de règlement des différends propre aux violations des droits de l'homme, mais comme une énième occasion d'exprimer leurs désaccords politiques. Le second risque est de créer une dynamique de multiplication des recours interétatiques dans un même conflit, encombrant procéduralement le prétoire de l'organe de protection saisi. Là encore l'exemple du conflit entre l'Ukraine et la Russie est pertinent. Au cumulé il représente onze requêtes, dont aucune n'a pour l'instant connu d'arrêt sur le fond[278]. De même la saga judiciaire entre la Géorgie et la Russie concernant le conflit armé en Ossétie du Sud et en Abkhazie, prouve certes l'intérêt politique du recours pour les pays agressés, mais également le risque d'un prolongement des délais procéduraux en raison de plusieurs plaintes pour un même conflit[279]. Encore plus récemment, et toujours dans cette tendance de multiplication des requêtes, l'Arménie a formé cinq recours devant la C.E.D.H. et

---

(n° 47319/20) afin d'obtenir des mesures provisoires pourtant déjà ordonnées par la Cour. La volonté de contre-attaquer rapidement est d'autant plus flagrante devant la C.I.J. puisque l'Azerbaïdjan a saisi la Cour le 23 septembre 2021, soit six jours après la saisine arménienne du 16 septembre 2021.

[278] La première requête a dû attendre fin 2020 pour passer l'étape de recevabilité : C.E.D.H., *Ukraine c. Russie (Crimée)* (déc.) [GC], n° 20958/14 et n°38334/18, 16 décembre 2020.

[279] Sur quatre recours, un a été radié du rôle : C.E.D.H., *Géorgie c. Russie (III)* (radiation), n° 61186/09, 16 mars 2010. Deux recours ont connu une solution au fond favorable à la Géorgie mais la procédure a duré sept et treize ans : C.E.D.H., *Géorgie c. Russie (I)* [GC], n° 13255/07, 3 juillet 2014 ; C.E.D.H., *Géorgie c. Russie (II)* [GC], n° 38263/08, 21 janvier 2021. Le dernier n'a encore connu aucune décision à son égard et a été introduit le 22 août 2018 (n° 39611/18).

devant la C.I.J. à l'encontre de l'Azerbaïdjan[280] et de la Turquie[281] s'agissant du second conflit armé dans le Haut-Karabakh en 2020.

Toutefois, le risque de cette politisation du recours est aussi paradoxalement son avantage. Si les États ne trouvaient pas d'intérêt politique dans la saisine de l'organe, dans bien des cas ils choisiraient sûrement de ne pas en user. Or, peu importe les considérations menant au recours interétatique, la méthode juridictionnelle ou quasi-juridictionnelle ne peut être que bénéfique pour les droits de l'homme. L'intérêt politique du recours permet de renforcer l'attractivité de l'organe de protection qui ne l'exclut aucunement. Si cela a pu paraître préjudiciable pour le maintien de délais raisonnables devant la C.E.D.H., tous les systèmes n'ont pas connu un tel succès. La Com. A.D.H. n'a par exemple été saisie que d'une seule plainte étatique[282] et celle-ci revêtait pour l'État requérant un intérêt politique évident. En effet, la République démocratique du Congo a formé un recours s'agissant du conflit armé l'opposant au Rwanda, au Burundi et à l'Ouganda[283]. Outre les atrocités commises dans cette guerre entre 1998 et 2003, la saisine visait

---

280 Devant la C.E.D.H. : *Arménie c. Azerbaïdjan* (n° 42521/20) ; *Arménie c. Azerbaïdjan (II)* (n° 33412/21), *Arménie c. Azerbaïdjan (III)* (n° 42445/21) ; *Arménie c. Azerbaïdjan (IV)* (n° 15389/22). Devant la C.I.J. : *Application de la Convention internationale sur l'élimination de toutes les formes de discrimination raciale (Arménie c. Azerbaïdjan)*, mesures conservatoires, ordonnance du 7 décembre 2021.

281 *Arménie c. Turquie* (n° 43517/20) introduite le 4 octobre 2020.

282 En réalité trois communications étatiques ont été reçues par la Com. A.D.H., mais l'une n'a pas été retenue par la Commission (*Soudan c. Soudan du Sud*, n° 422/12, dont on ne peut trouver mention que dans le rapport d'activité n°34 de la Commission) et une autre n'a pas encore été rendue publique (*Djibouti c. Érythrée*, n° 478/14, pour laquelle une décision d'admissibilité est mentionnée dans le rapport d'activité n° 46 de la Commission). S'agissant du rejet de la première affaire il est possible d'imaginer que la Commission n'a fait que constater l'absence de ratification de la Charte par le Soudan du Sud au moment de la saisine c'est-à-dire en 2012 (une ratification aura bien lieu mais en octobre 2013). Voir en ce sens F. VILJOEN, « A Procedure Likely to Remain Rare in the African System », *Völkerrechtsblog*, International Law & International Legal Thought, 2021.

283 Com. A.D.H., *République Démocratique du Congo c. Burundi, Rwanda et Ouganda*, communication n°227/99, rapport du 29 mai 2003.

également les pillages de l'armée rwandaise[284]. Elle s'insère dans un contexte de tensions politiques bien plus vaste et malheureusement toujours persistant entre la RDC et le Rwanda. Quand bien même le recours congolais comporte une certaine charge politique, il faut se féliciter de cette saisine qui a conduit la Commission à reconnaître de multiples violations des droits de l'homme.

Ainsi, le recours interétatique représente un atout politique particulièrement utilisé en période de conflits armés ou de tensions politiques[285]. Néanmoins, un État peut également, dans une démarche plus pacifique, trouver un intérêt politique au recours interétatique.

§ 2 – Le recours interétatique pour négocier

La frontière entre la volonté d'affronter politiquement un État devant un organe de protection et l'objectif de rétablir une situation de paix est en réalité très fine. Les deux dimensions sont d'ailleurs toujours présentes dans un recours. Elles sont en effet complémentaires puisque le discours politique conflictuel a souvent pour but, au long terme, une pacification des relations à laquelle les États ont tout intérêt[286]. Mais certains recours sont moins ouverts à cette démarche réconciliatrice que d'autres[287].

---

[284] Cf. Rapport final du Groupe d'experts sur l'exploitation illégale des ressources naturelles et autres formes de richesse de la République Démocratique du Congo, 8 octobre 2002, transmis au C.S.N.U. le 15 octobre 2012.

[285] Bien d'autres exemples auraient pu être évoqués pour illustrer le poids politique de certains recours. Le conflit entre Chypre et la Turquie a donné lieu à une longue saga judiciaire devant la Com. E.D.H. et la C.E.D.H. avec pas moins de quatre requêtes. Au niveau onusien une illustration d'un recours formé à l'appui d'une position politique peut être trouvée dans la récente communication devant le C.E.R.D. de la Palestine contre Israël.

[286] H. LABAYLE, *op. cit.*, note 138, p. 575, selon lequel le recours interétatique « peut sans aucun doute s'inscrire dans un processus graduel de pression sur l'État incriminé qui a pour finalité de le pousser à un retour à la normale ».

[287] La procédure de négociation ou de conciliation n'est pas forcément envisagée dans des situations extrêmement tendues. La Com. A.D.H. a par exemple reconnu dans l'affaire de la RDC que le contexte était tel qu'une étape de conciliation « ne serait pas diplomatiquement efficace ni

En clair si l'objectif final du recours est souvent le même, c'est-à-dire rétablir la paix et réparer les préjudices causés par les violations, c'est sur la motivation politique initiale qu'une distinction peut être faite. Le premier cas d'une stratégie tournée vers l'affrontement et la dénonciation a été illustré précédemment. Il s'agit donc ici d'étudier le second cas, celui des recours directement tournés vers une désescalade et un apaisement politique.

Cette approche peut de prime abord sembler étonnante puisque le recours interétatique en matière de droits de l'homme est une procédure jugée par les États comme agressive et comme portant atteinte au principe de non-ingérence dans leurs affaires intérieures. Il serait alors paradoxal d'affirmer qu'un recours puisse être formé dans une volonté de pacifier une situation et d'entreprendre des négociations. Par ailleurs, et plus simplement encore, pourquoi vouloir tenter une conciliation avec un État qui aurait violé des droits de l'homme en commettant les pires atrocités ? La question a d'autant plus le mérite de se poser quand l'État requérant détient de réelles chances de l'emporter devant l'organe de protection. Pourtant l'intérêt politique et pacificateur du recours par la possible négociation durant sa procédure existe bel et bien. Celui-ci s'explique par l'insuffisance d'un jugement pour régler l'ensemble d'un conflit qui ne porte pas uniquement sur une violation des droits de l'homme. A cet égard, L. BURGOGUE-LARSEN, s'appuyant sur l'ampleur des conflits opposant l'Arménie à l'Azerbaïdjan, ou encore la Russie à la Géorgie ou à l'Ukraine, écrit : « In such politically and historically loaded context, does the law not, by its very nature, find its limits ? Is it not somehow foolish to think that a judgment can definitively settle conflicts that are deeply rooted in history and that are in the process of re-emerging with force, at the turn of new geopoltical configurations ? » [288] . Les questions rhétoriques de la Professeure

---

souhaitable » : Com. A.D.H., *République Démocratique du Congo c. Burundi, Rwanda et Ouganda*, communication n°227/99, rapport du 29 mai 2003, § 61.

[288] L. BURGOGUE-LARSEN, « A Promising Avenue to Explore from a Remedial Perspective : Friendly Settlements in Inter-State Cases Before the European Court of Human Rights », *Völkerrechtsblog*, International Law & International Legal Thought, 2021.

illustrent parfaitement le besoin de dépasser la conception strictement judiciaire du recours interétatique pour user du règlement amiable dans une démarche plus politique. De plus, initier un recours interétatique avant d'entamer des négociations permet de réaliser une stratégie diplomatique. Il s'agit pour l'État requérant de faire peser sur l'État accusé un risque de solution juridique défavorable afin d'obtenir un accord bien plus global et favorable sur les plans politiques ou économiques[289]. Ainsi, le recours interétatique devant un organe de protection devient un tremplin diplomatique pour les États[290]. Certes une solution juridique obtenue par un arrêt au fond ou un rapport de commission peut également être pacificateur, mais un accord entre deux États semble bien plus approprié en ce qu'il est directement fondé sur leur consentement mutuel et a dès lors plus de chance d'être respecté[291].

Afin de prouver cet intérêt pacificateur du recours interétatique, il paraît intéressant de se pencher sur la rédaction des dispositions conventionnelles organisant les procédures de recours interétatiques devant les organes de protection. En effet, chaque convention relative aux droits de l'homme prévoyant un tel mécanisme incite d'abord les États à explorer des méthodes de négociation afin de parvenir à un règlement amiable. Une conciliation soit autonome soit organisée par l'organe de protection répond indéniablement d'une volonté politique des États de résoudre le conflit.

---

[289] Preuve en est que les États n'entrent véritablement en négociation que dans un stade avancé de la procédure devant l'organe de protection, attendant par exemple de voir si le recours sera jugé recevable ou non. En ce sens H. KELLER, R. PISKOTY, « Friendly Settlements as the Sleeping Beauty in Inter-State Cases », *Völkerrechtsblog*, International Law & International Legal Thought, 2021 : « Such reluctance towards negotiations may change once the application has passed the admissibility stage ».

[290] S. LECKIE, *op. cit.*, note 26, p. 257 : « The use of this procedure [...] can lead to the diplomatic solution of disputes where other methods do not yield success ».

[291] H. KELLER, R. PISKOTY, *op. cit.*, note 288 : « In principle, this classic instrument of international law seems even better suited to inter-State proceedings than a judgment would be. [...] the terms are likely to be better implemented than a judgment would be, because a settlement agreement reflects the common will of parties and allows for tailored measures ».

La procédure devant les comités onusiens est, à cet égard, sans ambiguïtés. L'article 41 du P.I.D.C.P. prévoit un délai de six mois avant que le C.C.P.R. ne se saisisse d'une communication étatique pour laisser la question être « réglée à la satisfaction des deux États parties intéressés ». Si ce premier délai n'aboutit à aucun accord, le P.I.D.C.P. laisse une seconde chance aux États après l'étape de recevabilité en permettant au C.C.P.R. de mettre « ses bons offices à la disposition des États parties intéressés, afin de parvenir à une solution amiable ». De même dans la C.I.E.D.R. dans laquelle l'article 11 § 2 dispose que la communication étatique ne pourra être soumise au C.E.D.R. qu'après un délai de six mois permettant de s'assurer que « la question n'est pas réglée à la satisfaction des deux États, par voie de négociations bilatérales ou par toute autre procédure qui serait à leur disposition ». L'article 10 (b) du Protocole facultatif se rapportant au P.I.D.E.S.C. prévoit lui aussi un délai de six mois visant à laisser un temps de négociation ouvert pour les États. A la lecture de ces dispositions, et notamment de la procédure prévue dans le P.I.D.C.P., les commentateurs n'ont pas hésité à affirmer que le mécanisme de communication interétatique « relève davantage de la médiation et des bons offices que d'une procédure contentieuse »[292].

L'intérêt politique d'un recours interétatique pour ensuite négocier est aussi envisageable devant les organes de protection régionaux. La Charte A.D.H.P. prévoit, comme les conventions onusiennes précédemment citées, un délai permettant aux États d'engager des négociations avant que la Com. A.D.H. ne se saisisse de l'affaire. Ce délai est de trois mois selon l'article 48 de la Charte. Il est renforcé par une véritable incitation à dialoguer puisque l'article 47 oblige les États parties à faire respectivement part de leurs prétentions. Cette procédure permet également aux États d'échanger politiquement sur des sujets n'intéressant pas uniquement les griefs du recours puisque la

---

[292] C. COURTIS, « Article 10 du Protocole facultatif », *in* E. DECAUX et O. DE SCHUTTER (dir.), *Le Pacte international relatif aux droits économiques, sociaux et culturels : Commentaire article par article*, Paris, Economica, 2019, p. 598 ; reprenant notamment l'observation de M. NOWAK, *U.N. Covenant on Civil and Political Rights : CCPR Commentary*, N.P. Engel Publisher, 2e éd., 2005, p. 759.

Commission n'a pas un droit de regard sur les négociations engagées[293]. Dans la Convention américaine le mécanisme semble davantage encadré par la Com. I.D.H. puisque selon l'article 48 (f) elle doit aider les États à trouver un règlement amiable qui doit être « fondé sur le respect des droits de l'homme reconnus dans la présente Convention ». Il est possible d'en déduire que les États parties ne peuvent plus librement décider du contenu de leur accord, puisque la Commission s'assurera de la conformité de ce dernier à la Convention. Cette interprétation est soutenue par l'article 49 de la Conv. A.D.H. qui prévoit qu'en cas de règlement amiable la Commission rédige un rapport mentionnant la solution obtenue et qui devra être communiqué au Secrétaire général de l'O.E.A. afin d'être publié. Dans un tel cas, l'intérêt politique de former un recours pour ensuite négocier serait sûrement réduit pour les États. Mais il est important de souligner que dans l'affaire opposant l'Équateur à la Colombie, le règlement amiable n'a non seulement pas été réalisé sous le contrôle de la Commission, mais ne concerne pas non plus uniquement les droits de l'homme[294]. En effet, les deux États sud-américains sont parvenus à un accord « for social and economic development and reparations and investment for social compensation along the border »[295] alors même que la requête concernait la mort d'un ressortissant équatorien dans une opération armée colombienne. On peut imaginer que les États sont entrés dans des négociations politiques qui englobaient bien d'autres considérations, à

---

[293] F. OUGERGOUZ, *The African Charter on Human and Peoples' Rights : A Comprehensive Agenda for Human Dignity and Sustainable Democracy in Africa*, Martinus Nijhoff, 2003, p. 573, selon lequel la procédure de négociation « takes place completely outside the framework of the Commission', without the Commission even potentially having to be informed if the conciliation is successful » ; repris par R. MURRAY, *The African Charter on Human and People's Rights : A Commentary*, Oxford, Oxford University Press, 2019, p. 658.

[294] Com. I.D.H., *Équateur c. Colombie* (archivage), 4 novembre 2013, affaire interétatique 12.779, rapport n°96/1, § 15.

[295] *Ibid.*, § 14. Cet accord n'a pas fait l'objet d'un rapport de la Commission. Il est donc difficile d'en connaître précisément le contenu. La Com. I.D.H. s'est contentée de reprendre les termes utilisés par l'Équateur qui affirmait que « that agreement satisfies the claims of the victims ».

l'instar de l'affaire sur les épandages aériens qui les opposait devant la C.I.J.[296] et pour laquelle là encore un règlement amiable a été obtenu[297].

La négociation dans les affaires interétatiques est également envisagée dans le système européen de protection. La Conv. E.D.H. prévoit à son article 39 § 1 une procédure de règlement amiable qui peut être soutenue par la C.E.D.H. et dont l'accord final doit s'inspirer « du respect des droits de l'homme tels que les reconnaissent la Convention et ses Protocoles ». Si cette disposition ne suit pas directement l'article 33 relatif aux recours interétatiques, elle s'applique à eux comme aux plaintes individuelles[298]. Outre l'objectif de trouver une solution plus adaptée à la solution politique et diplomatique que celle pouvant être apportée par un arrêt de la Cour, la procédure de négociation possède plusieurs avantages. Le premier est sa rapidité comparée au délai de jugement. De plus, les discussions entre deux États ouverts à un possible règlement amiable peuvent intervenir à tout moment de l'instance. Enfin, les négociations sont confidentielles et ne peuvent aucunement influencer la procédure contentieuse[299]. Ce dernier aspect permet pleinement aux États d'entreprendre non seulement des

[296] L'Équateur avait introduit en 2008 une requête devant la C.I.J. contre la Colombie qu'elle accusait d'un épandage aérien d'herbicides toxiques de part et d'autre de la frontière entre les deux pays. Selon l'Équateur cette pratique causait de graves dommages aux populations, aux exploitations agricoles, ainsi qu'à la faune sauvage. L'affaire n'a connu ni arrêt ni ordonnance de la Cour puisqu'un accord fut trouvé avant que celle-ci ne puisse statuer sur la requête.

[297] Selon un communiqué de presse de la C.I.J. en date du 17 septembre 2013, un accord aurait été trouvé le 9 septembre 2013 poussant l'Équateur à effectuer une demande de désistement de l'instance, ce que la Colombie accepta. Seul le contenu propre à l'affaire des épandages est mentionné par la Cour, mais les États auraient pu également y faire figurer des considérations relatives à leur différend devant la Commission interaméricaine.

[298] W. A. SCHABAS, *op. cit.*, note 79, p. 820.

[299] Article 39 § 2 de la Conv. E.D.H. mais également l'article 62 § 2 du Règlement de la Cour : « les négociations menées en vue de parvenir à un règlement amiable sont confidentielles et sans préjudice des observations des parties dans la procédure contentieuse. Aucune communication écrite ou orale ni aucune offre ou concession intervenues dans le cadre desdites négociations ne peuvent être mentionnées ou invoquées dans la procédure contentieuse ».

négociations concernant l'affaire mais aussi touchant un contexte politique bien plus large[300]. Outre le règlement amiable obtenu dans le cadre de la garantie collective exercée par la France, la Norvège, le Danemark, la Suède, et les Pays-Bas contre la Turquie[301], les négociations menées dans l'affaire de protection diplomatique entre le Danemark et la Turquie sont aussi révélatrices d'un intérêt politique [302]. Le Danemark défendait certes les droits de son ressortissant torturé par les autorités turques, mais visait aussi plus globalement les pratiques de torture et de mauvais traitement en Turquie. Il était donc avantageux pour les deux États de s'entendre afin de parvenir à un accord qui dépasserait le seul cas de la victime danoise, évitant à la Turquie une condamnation contentieuse[303]. Le règlement amiable prévoit justement des mesures politiques visant à réformer le système policier turc et à renforcer les relations diplomatiques des deux pays [304]. La Cour valide l'accord comme s'inspirant du « respect des droits de l'homme tels que les reconnaissent la Convention ou ses Protocoles ».

En somme, que ce soit pour dénoncer des violations dans une situation politique extrêmement tendue, ou pour mieux peser dans des négociations avec un État, le recours interétatique répond quasi-systématiquement d'une stratégie politique nationale. Mais l'État requérant reste avant tout un justiciable qui n'agit pas non plus sans stratégie judiciaire. Son intention politique ne l'empêche aucunement de tout mettre en œuvre pour

---

[300] L. BURGOGUE-LARSEN, *op. cit.*, note 287 : « Would it not be easier to reach a solution, which is political in nature, thanks in particular to negotiations which would remain donfidential in accordance with Article 39 (2) European Convention and Article 62 (2) Rules of Court ? »

[301] Com. E.D.H., *France, Norvège, Danemark, Suède, Pays-Bas c. Turquie*, rapport du 7 décembre 1985, req. n° 9940-9944/82.

[302] C.E.D.H., *Danemark c. Turquie (*règlement amiable), n° 34382/97, arrêt du 5 avril 2000, § 23.

[303] I. RISINI, *op. cit.*, note 26, p. 207 : « in the specific case of Denmark v. Turkey the settlement was arguably the best alternative to induce change ».

[304] C.E.D.H., *Danemark c. Turquie*, *supra*, § 23, l'accord prévoit « la mise en place d'un nouveau projet bilatéral » en matière de formation de policiers, et l'établissement d'un « dialogue politique permanent (…) axé sur les questions intéressant les droits de l'homme et dans le cadre duquel les cas individuels pourront être évoqués ».

multiplier ses chances d'obtenir une solution juridique satisfaisante.

SECTION II. LA STRATEGIE JUDICIAIRE DU RECOURS INTERETATIQUE

Les États qui décident de former un recours interétatique le font suivant une stratégie judiciaire bien précise. Évidemment conseillés et aidés par des experts, ils ne saisissent pas un organe de protection sans réflexion. Le but est de mettre toutes les chances de leurs côtés, et de ne pas faire du recours une procédure improductive qui finirait même par se retourner contre eux. C'est pourquoi les États qui commettent des violations ne sont pas en général les plus enclins à agir devant les juridictions compétentes pour reprocher à d'autres des violations similaires. La procédure de recours interétatique n'est pas anodine, tant sur le plan politique que juridique. Il s'agit donc pour l'État requérant d'évaluer et d'optimiser ses chances d'obtenir une solution favorable. Comme l'explique S. LECKIE dès 1988 : « for a state to go to the trouble of filing an inter-state complaint there must be a guarantee of success, or at least there must appear to be little chance of failure »[305]. Pour s'assurer une protection des droits de l'homme la plus rapide et la plus effective, l'État peut ainsi choisir de cumuler les requêtes devant les organes compétents (§ 1), ou plus simplement de saisir en priorité l'organe le plus à même de lui accorder des mesures provisoires favorables (§ 2).

§ 1 – L'accès à plusieurs organes de protection

Le droit international des droits de l'homme a connu une multiplication du nombre d'organes juridictionnels ou quasi-juridictionnels pouvant être saisis par recours interétatiques[306].

---

[305] S. LECKIE, *op. cit.*, note 26, p. 257. Les États défendeurs en ont parfaitement conscience, ce qui peut expliquer leur volonté d'ouvrir des négociations.

[306] L. HENNEBEL, H. TIGROUDJA, *loc. cit.*, note 34.

Ce mouvement de juridictionnalisation ou de quasi-juridictionnalisation est la conséquence directe de l'augmentation du nombre de conventions relatives aux droits de l'homme. Chacune organise des mécanismes internes de contrôle et de protection des droits garantis. Cette croissance conventionnelle et juridictionnelle mena les États à la pratique du *forum shopping*[307] qui n'est *a priori* pas préjudiciable à la protection globale des droits de l'homme. Cependant, et outre le désordre qui en résulte[308], un problème se pose, celui du cumul des recours interétatiques. Car la conséquence du « foisonnement des structures de protection des droits de l'homme »[309] n'est autre que la possibilité de former plusieurs recours interétatiques parallèles.

En effet, en théorie, les États peuvent décider de saisir plusieurs organes différents pour des allégations similaires à l'encontre d'un autre État. Ces recours interétatiques parallèles ne sont pas tant le fruit d'une impossibilité pour l'État de faire un choix entre les organes compétents, mais plutôt le résultat d'une stratégie judiciaire de cumuler les recours. Ce cumul a pour objectif de multiplier les probabilités de l'État requérant de voir sa requête être jugée recevable, puis d'obtenir des mesures conservatoires, et enfin une solution la plus favorable possible. L'État agit comme pourrait le faire un joueur au loto ou un parieur sportif. Multipliant les tickets il accroît ses chances de l'emporter. Mais contrairement à cette illustration simpliste, l'État requérant ne laisse rien au hasard. Devant chaque organe les argumentations seront modifiées et adaptées en conséquence. Car il ne peut plaider de la même manière, ni invoquer les mêmes conventions, en fonction du prétoire devant lequel il se présente.

---

[307] Anglicisme désignant la méthode par laquelle un justiciable choisit de saisir une juridiction parmi plusieurs possiblement compétentes en fonction des chances de voir sa demande aboutir.

[308] L. HENNEBEL, H. TIGROUDJA, *supra*.

[309] J.-M. LARRALDE, « La concurrence de procédures dans le contentieux international des droits de l'homme », *in* Y. KERBRAT (dir.), *Forum Shopping et concurrence des procédures contentieuses internationales*, Bruxelles, Bruylant, 2011, p. 125.

Malgré les avantages de ce cumul pour les États[310] un tel parallélisme des recours devant les organes de protection des droits de l'homme fait courir un risque, celui de la concurrence, et à terme de la divergence, de la jurisprudence en la matière[311]. Profiter de la possible compétence de plusieurs organes donnerait « l'impression d'une sorte de hiérarchie, et de possibles appels quand le résultat est infructueux devant le 'premier organe' »[312]. C'est pourquoi, à en croire les règles appliquées aux recours individuels, ce cumul semble interdit par le refus de l'examen parallèle et par le principe *non bis in idem*[313]. Ce principe de l'interdiction de la litispendance internationale a pour objectif de « contrer le risque de redondance des procédures internationales mises en œuvre »[314] en interdisant l'examen, par un organe de protection, d'une requête qui serait déjà examinée parallèlement par un autre organe. Selon plusieurs conventions relatives aux droits de l'homme cette interdiction est applicable aux requêtes individuelles[315]. Elle empêchera qu'un deuxième recours parallèle soit formé si l'autre instance concurrente a été saisie « de la même question et portant sur le même objet »[316].

---

310 Il y a tout de même quelques désavantages, *a minima* pour leurs finances et leurs services juridiques.

311 R. HIGGINS, « Discours du 30 janvier 2009 devant la Cour européenne des droits de l'homme à l'occasion de la cérémonie d'ouverture de l'année judiciaire », Rapport annuel 2009, p. 45 : « Le pléthore d'organes judiciaires et quasi-judiciaires dans le domaine des droits de l'homme entraîne bel et bien un risque de divergences de jurisprudence ».

312 J. DHOMMEAUX, « Le forum shopping devant les organes conventionnels dans le système des Nations unies », *in* J.-F. FLAUSS, S. TOUZE, *Contentieux international des droits de l'homme et choix du forum : Les instances internationales de contrôle face au forum shopping*, Collection Droit et Justice, Bruxelles, Bruylant, 2012, p. 14.

313 J.-M. LARRALDE, *op. cit.*, note 308, p. 107, prenant l'exemple des requêtes individuelles dans le système européen : « pour l'ensemble des commentateurs, la clause de l'article 27 § 1 b) vise tout à la fois le principe non bis in idem et exprime la volonté d'exclure le cumul de procédures internationales (exception de litispendance) ».

314 L. HENNEBEL, H. TIGROUDJA, *op. cit.*, note 24, p. 525.

315 Article 5 § 2 (a) du Protocole facultatif se rapportant au P.I.D.C.P., article 35 § 2 (b) de la Conv. E.D.H., article 46 § 1 (c) de la Conv. A.D.H., article 22 § 5 (a) de la Convention contre la torture et autre peines ou traitements cruels, inhumains ou dégradants.

316 L. HENNEBEL, H. TIGROUDJA, *supra*.

Néanmoins, ce principe de non-cumul des voies de recours s'applique-t-il aux plaintes étatiques ? D'après l'article 55 de la Convention européenne des droits de l'homme, les États ne peuvent soumettre un différend « né de l'interprétation ou de l'application de la présente Convention à un mode de règlement autre que ceux prévus par ladite Convention ». Dès lors, et comme il l'a été dit précédemment, les États européens ne peuvent invoquer la Conv. E.D.H. devant un organe universel de protection. Toutefois, et en creux, cela ne les empêche aucunement de saisir un organe universel pour un conflit déjà en instance devant la C.E.D.H. tant que les dispositions invoquées sont issues d'une autre convention à vocation universelle. Cette exception au principe d'interdiction de la litispendance fut confirmée par la Cour dans l'affaire *Géorgie c. Russie (II)* au cours de laquelle la Géorgie avait également formé un recours devant la C.I.J. sur le fondement cette fois de la C.I.E.R.D. : « l'article 35 § 2 de la Convention, de par son libellé explicite, ne s'applique qu'aux requêtes individuelles »[317]. Cette décision fît dire que la règle de non-cumul ne s'applique pas aux requêtes interétatiques, du moins dans le système européen[318]. Preuve en est que dans les affaires postérieures opposant l'Ukraine à la Russie, ou l'Arménie à l'Azerbaïdjan, les États défendeurs n'ont pas soulevé d'exceptions préliminaires à cet égard alors même que des recours avaient également été portés devant la C.I.J. en vertu de la C.I.E.R.D. et de sa clause compromissoire. Toutefois, en interprétant de manière extensive l'article 55 de la Conv. E.D.H., cette exception ne semble fonctionner que dans les situations où les deux recours n'invoquent pas les mêmes conventions à l'appui de leurs prétentions[319].

Le système interaméricain semble lui appliquer strictement la règle de l'interdiction de la litispendance aux recours interétatiques. En effet, l'article 46 § 1 (c) de la Conv. A.D.H.

---

317 C.E.D.H., *Géorgie c. Russie (II)* (déc.), n°38263/08, arrêt 13 décembre 2011, § 79. En l'espèce la Cour souligna également que la C.I.J. s'était déclarée incompétente pour connaître de la requête et que donc la procédure était terminée au moment où elle statuait.

318 F. SUDRE, *op. cit.*, note 23, p. 346.

319 R. ERGEC, *op. cit.*, note 46, p. 134.

dispose que la Commission ne connaît d'un recours qu'à la condition « que l'objet de la pétition ou communication ne soit pas en cours d'examen devant une autre instance internationale ». Or selon l'article 46 § 1 les conditions de recevabilités énoncées s'appliquent à la fois pour les requêtes de l'article 44 (requêtes individuelles) et pour les requêtes de l'article 45 (requêtes interétatiques). La Commission et la Cour n'ont pas eu l'occasion de s'exprimer sur l'application de cette règle aux recours interétatiques. Les décisions s'agissant de la recevabilité des requêtes individuelles indiquent que « pour qu'une pétition soit rejetée au motif qu'elle constituerait la duplication d'une autre action internationale, la Commission interaméricaine exige, outre une identité de l'objet, des faits et des allégations, que l'organe saisi soit de même nature et ait des compétences similaires aux siennes » [320] . Les comités conventionnels semblent compris dans cette condition[321]. Il est donc possible d'imaginer qu'en cas de communication étatique devant eux, l'État américain requérant ne pourra pas saisir la Commission de la même affaire. Cependant, un moyen existe pour les États d'échapper à l'interdiction de la litispendance et de faire parvenir une affaire à plusieurs organes. Ce moyen consiste en la formation parallèle d'un recours devant la C.I.J. et d'une demande d'avis consultatif devant la C.I.D.H. que ce soit par le même État ou par des États différents. En effet, si le système américain n'a connu que deux affaires interétatiques contentieuses, les États se sont plusieurs fois affrontés devant la Cour via des demandes d'avis consultatifs[322]. Or, en parallèle de

---

320 H. TIGROUDJA, « Le forum shopping dans le cadre du système interaméricain de protection des droits de l'homme », *in* J.-F. FLAUSS, S. TOUZE (dir.), *op. cit.*, note 310, p.80.

321 La Commission l'a confirmé s'agissant du Comité contre la torture (Com. I.D.H., *Cecilia Rosana Núñez Chipana* (irrecevabilité), 24 octobre 2005, pétition individuelle 12.103, rapport n° 89/05, § 40) et du Comité des droits de l'homme (Com. I.D.H., *Luiz Gonzalo « Richard » Vélez Restrepo and family* (recevabilité), 24 juillet 2004, pétition individuelle 864-05, rapport n° 45/08, § 63).

322 Des demandes qui peuvent être considérées comme des recours interétatiques déguisés selon J. CONTESSE, « Inter-State Cases in Disguise under Inter-American Human Rights Law », *Völkerrechtsblog*, International Law & International Legal Thought, 2021.

ces demandes surviennent parfois des recours devant la Cour internationale de Justice. La Cour interaméricaine a validé la possibilité d'un cumul de ces voies de recours contentieuses et non-contentieuses dans un avis consultatif du 1er octobre 1999. Celui-ci portait sur une demande formée par le Mexique s'agissant de l'absence d'assistance juridique consulaire[323] pour les ressortissants mexicains détenus aux États-Unis. Mais le Mexique ne fut pas le seul État à reprocher ce manquement aux autorités américaines puisqu'au même moment le Paraguay saisissait la C.I.J. pour des faits similaires[324]. Ainsi, les États-Unis demandèrent à la C.I.D.H. de se dessaisir estimant que c'est à la C.I.J. et à elle seule qu'il revient d'interpréter ces questions de droit international[325]. Mais la Cour interaméricaine refusa et affirma : « this Court cannot be restrained from exercising its advisory jurisdiction because of contentious cases filed with the International Court of Justice » [326]. Si cette possibilité n'est pas un cas de « litispendance *stricto sensu,* dans la mesure où les procédures ne sont pas de même nature »[327], il s'agit quand même d'une faculté importante au service d'un accès simultané des États à plusieurs organes de protection différents.

---

323 Article 36 (c) de la Convention de Vienne sur les relations consulaires de 1963 : « Les fonctionnaires consulaires ont le droit de se rendre auprès d'un ressortissant de l'État d'envoi qui est incarcéré, en état de détention préventive ou toute autre forme de détention, de s'entretenir et de correspondre avec lui et de pourvoir à sa représentation en justice ».

324 Le Paraguay se désista à la suite de l'exécution de son ressortissant : C.I.J., *Convention de Vienne sur les relations consulaires (Paraguay c. États-Unis d'Amérique)*, ordonnance du 10 novembre 1998, *Rec.* 1998, p. 426.

325 C.I.D.H., *The right to information on consular assistance in the framework of the guarantees of the due process of law*, avis consultatif du 1er octobre 1999, OC-16/99, §§ 55-56, soulignant qu'en plus du recours paraguayen, l'Allemagne avait aussi introduit un recours en 1999 contre les États-Unis devant la C.I.J. sur des questions similaires : C.I.J., *LaGrand (Allemagne c. États-Unis d'Amérique)*, arrêt du 27 juin 2001, *Rec.* 2001, p. 466.

326 C.I.D.H., *supra*, § 61. Il est d'ailleurs à noter que le Mexique a ensuite lui aussi saisi la C.I.J. sur cette question : C.I.J., *Avena et autres ressortissants mexicains (Mexique c. États-Unis d'Amérique)*, arrêt du 31 mars 2004, *Rec.* 2004, p. 12.

327 H. TIGROUDJA, *op. cit.*, note 320, p. 86.

Toutefois, dans certains cas notamment au niveau universel, il apparaît possible pour les États de saisir deux organes concurrents en vertu d'une même convention. En effet, le Qatar a récemment saisi le C.E.R.D. et la C.I.J. accusant les Émirats arabes unis de violer la C.I.E.R.D. dans les deux recours. L'État défendeur avait alors affirmé que « engager simultanément deux procédures parallèles mettrait en péril l'intégrité du système et risquerait d'entraîner une fragmentation de la jurisprudence »[328]. Néanmoins le Comité se fonda sur la différence de nature entre les deux organes, et la différence de valeur juridique entre le rapport produit par lui et le jugement possible devant la Cour internationale. Il décida en conséquence qu'il n'était « pas convaincu que la règle de la *litispendance* ou le principe *electa una via non datur recurus ad alteram* trouvent à s'appliquer en l'espèce puisqu'ils sont destinés à éviter que la même question soit portée devant deux organes judiciaires habilités à rendre des décisions juridiquement contraignantes »[329]. Cette décision permit d'éclaircir les questions se posant à l'égard de l'interdiction de la litispendance pour les recours interétatiques à l'échelle universelle invoquant une même convention pour des mêmes faits[330]. Cependant la C.I.J. n'a pas pu véritablement valider cette solution puisqu'elle n'a pas eu le temps de s'y intéresser, s'estimant incompétente en raison d'une exception préliminaire intéressant une tout autre question[331]. Par ailleurs, si les recours parallèles semblent possibles, le risque de voir apparaître deux interprétations différentes pour une même convention n'a pas disparu[332].

---

[328] C.E.R.D., *Qatar c. Émirats Arabes Unis*, décision de recevabilité du 27 août 2019, C/99/4, § 44.

[329] *Ibid.*, § 49.

[330] L. HENNEBEL, H. TIGROUDJA, *op. cit.*, note 24, p. 527, qui soulignaient déjà l'intérêt de cette affaire avant la décision du Comité.

[331] C.I.J., *Application de la convention internationale sur l'élimination de toutes les formes de discrimination raciale (Qatar c. Émirats Arabes Unis)*, exceptions préliminaires, arrêt du 4 février 2021.

[332] G. ULFSTEIN, « Who is the Final Interpreter in Human Rights : the ICJ v CERD ? », *EJIL : Talk !*, Blog of the European Journal of International Law, 2021 : « It could be discussed which institution should be the lead agency for interpreting the CERD Convention : the general ICJ or the specialized CERD Committee. Nevertheless, the paramount position of the ICJ as 'the principal

Il demeure en somme que les États sont en mesure de cumuler plusieurs recours parallèles et se sont déjà saisis d'une telle opportunité. Cette pratique, qui n'est pas sans risque[333], répond d'une stratégie judiciaire qui vise simplement à ne pas mettre tous ses œufs dans le même panier. Elle est évidemment favorable à l'exercice par l'État d'un ou plusieurs recours. Il trouvera dans cette procédure un intérêt renforcé par ses chances de l'emporter. Par ailleurs, l'État requérant peut également être attiré par le mécanisme de plainte étatique en ce qu'il permet l'accès à des mesures judiciaires favorables à la préservation ses intérêts nationaux.

§ 2 – L'accès à des mesures provisoires favorables

Le recours interétatique est évidemment motivé par le souhait de l'État requérant d'obtenir des mesures propres à faire cesser l'atteinte aux droits de l'homme et à réparer les préjudices déjà subis en raison de celle-ci. Un organe qui ne serait pas en mesure d'accorder de telles mesures n'aurait que très peu d'intérêt aux yeux des États. C'est pourquoi ces derniers vont, de manière tout à fait rationnelle, choisir de saisir un organe en fonction de sa capacité à pouvoir empêcher des violations des droits de l'homme de persister. L'État va donc se diriger vers l'organe de protection qui a le plus de chance de lui accorder des mesures visant à faire cesser les violations le plus rapidement possible. C'est tout l'objet des mesures provisoires.

L'octroi de mesures provisoires est l'un des objectifs premiers poursuivis par les États qui forment un recours interétatique. En effet, l'État requérant agit souvent dans une perspective de très court terme, que ce soit pour défendre un ressortissant subissant des conditions de détention déplorables ou des mauvais traitements, ou pour stopper à plus grande

---

judicial organ of the United Nations' (UN Charter, Article 92) should be recognized even more so in jus cogens issues ».

333 Risque qui est encore plus fort quand c'est l'ensemble d'un conflit politique qui fait l'objet de plusieurs saisines devant plusieurs organes différents. En ce sens voir L. Hill-Cawthorne, « International Litigation and the Disaggregation of Disputes : Ukraine/ Russia as a Case Study », *I.C.L.Q.*, 2019, vol. 68, pp. 779-815.

échelle des discriminations massives ou des crimes armés. Or, le temps passé devant l'organe de protection avant que celui-ci ne rende sa solution se compte bien souvent en années. Ce délai est évidemment trop long comparé à l'urgence que représente la situation de violations des droits de l'homme. Si rien n'est fait, l'atteinte peut créer des dommages irréparables[334]. Les organes de protection ont donc la possibilité d'octroyer des mesures provisoires qui sur le fond ont schématiquement deux objectifs différents et complémentaires en matière de droits de l'homme. Il s'agit à la fois de protéger des personnes identifiées, ayant subi ou risquant de subir une atteinte à leurs droits, mais aussi d'adresser aux États parties des obligations temporaires bien plus larges visant une pacification du conflit qui fait l'objet du recours[335]. Par ailleurs, les mesures provisoires peuvent également permettre à la Cour de s'assurer une coopération des États, les obligeant notamment à fournir des informations sur les cas d'espèce[336].

Néanmoins, pour réaliser ces objectifs, les organes de protection n'ordonnent pas totalement les mêmes mesures. Une distinction peut être faite entre les mesures conservatoires et les mesures provisoires[337]. Les premières visent uniquement à « cristalliser la situation litigieuse »[338] et ne font qu'empêcher temporairement une aggravation de la situation. Tel est le cas des mesures octroyées par la C.I.J. par exemple. Les autres mesures ont, à l'inverse, un contenu positif ordonnant une protection effective, et permettant la prévention de nouvelles violations[339]. Quoi qu'il en soit, face à l'urgence des cas d'espèce, le premier objectif d'un recours interétatique est d'obtenir de telles mesures de la part de l'organe saisi.

---

334 S. Kirchner, « Interim Measures in Inter-State Proceedings before the European Court of Human Rights : Ukraine v. Russia », *University of Baltimore Journal of International Law*, 2014, vol. 3, n°1, p. 50.

335 P. Leach, *op. cit.*, note 106, pp. 26-27.

336 I. Risini, *op. cit.*, note 26, p. 156.

337 L. Hennebel, H. Tigroudja, *op. cit.*, note 24. p. 573

338 *Ibid.*, p. 573, or ce premier type de mesure « n'a guère de sens en contentieux des droits de l'homme ».

339 *Ibid.*, p. 575, il s'agit par exemple des mesures provisoires octroyées dans le système interaméricain.

Provisoire et conservatoire seront donc associés durant les prochaines lignes.

La possible obtention de mesures provisoires est un élément déterminant du *forum shopping* auquel se livre les États que ce soit en droit international général ou plus particulièrement en droit international des droits de l'homme. Comme l'écrit très bien le Professeur G. LE FLOCH : « dans le domaine des droits de l'homme, la perspective d'obtenir des mesures provisoires est aussi susceptible d'influer sur le choix de l'organe juridictionnel ou quasi-juridictionnel à saisir »[340]. Mais pour choisir l'organe le plus apte à fournir des mesures provisoires encore faut-il connaître les modalités de délivrance de celles-ci en fonction de chaque organe. Et c'est précisément là que l'affaire devient plus compliquée puisque « la systématisation de la pratique des mesures provisoires des organes internationaux n'est guère aisée, tant les différences de fondements et conditions d'octroi, de finalités et de contenu sont sensibles »[341]. Dès lors, et quand bien même les organes judiciaires africains[342] et interaméricains[343] sont en mesure d'octroyer des mesures provisoires, il est préférable de présenter les avantages et inconvénients de cette demande incidente devant les deux organes y ayant le plus procédé dans des affaires interétatiques : la Cour européenne des droits de l'homme et la Cour internationale de Justice. Ces deux juridictions peuvent en effet accorder des mesures provisoires lorsqu'elles sont saisies d'un recours interétatique. En vertu de l'article 41 de son Statut, la C.I.J. a « le pouvoir d'indiquer, si elle estime que les circonstances l'exigent, quelles mesures conservatoires du droit de chacun

[340] G. LE FLOCH, *op. cit.*, note 3, p. 275.

[341] L. HENNEBEL, H. TIGROUDJA, *supra*, p. 569.

[342] Article 27 § 2 du Protocole de 1998 relatif à la Charte A.D.H.P. portant création d'une Cour africaine des droits de l'homme et des peuples : « Dans les cas d'extrême gravité ou d'urgence et lorsqu'il s'avère nécessaire d'éviter des dommages irréparables à des personnes, la Cour ordonne les mesures provisoires qu'elle juge pertinentes ».

[343] Article 63 § 2 de la Conv. A.D.H. : « Dans les cas d'extrême gravité requérant la plus grande célérité dans l'action, et lorsqu'il s'avère nécessaire d'éviter des dommages irréparables à des personnes, la Cour pourra à l'occasion d'une espèce dont elle est saisie, ordonner les mesures provisoires qu'elle juge pertinentes ».

doivent être prises à titre provisoire ». De même, et d'après l'article 39 de son Règlement, la C.E.D.H. peut « soit à la demande d'une partie ou de toute autre personne intéressée, soit d'office, indiquer aux parties toute mesure provisoire [qu'elle estime] devoir être adoptée dans l'intérêt des parties ou du bon déroulement de la procédure ». Mais l'octroi de mesures provisoires n'est pas automatique, et n'est pas réalisé de la même manière selon que l'État se trouve devant la C.I.J. ou la Cour européenne.

En effet, les procédures de mesures provisoires divergent sur deux points principaux : la rapidité de l'octroi et l'application de la mesure. S'agissant d'abord de la vitesse à laquelle les deux cours parviennent à ordonner des mesures provisoires, il semblerait que la C.E.D.H. soit bien plus rapide que la Cour internationale de Justice[344]. A titre d'exemple, dans l'affaire *Géorgie c. Fédération de Russie*, il a fallu deux mois à la C.I.J. pour ordonner des mesures conservatoires[345], quand la C.E.D.H. l'a fait en à peine un jour[346]. Plus récemment et afin de nuancer, la C.I.J. a octroyé, à la suite de l'invasion armée de la Russie sur le territoire ukrainien, des mesures conservatoires moins de vingt jours après la requête introductive d'instance[347]. Mais dans la même affaire la C.E.D.H. a répondu en moins de deux jours à la demande ukrainienne, appelant notamment le gouvernement russe à « s'abstenir de lancer des attaques

---

[344] P. TZENG, « Interim Measures in Inter-State Proceedings », *Völkerrechtsblog*, International Law & International Legal Thought, 2021 : « the Strasbourg Court renders decisions on interim measures very quickly, usually within a day of the request. The ICJ on the other hand, sometimes takes a couple months to render a decision after a request for interim measures has been lodged ».

[345] C.I.J., *Application de la convention internationale sur l'élimination de toutes les formes de discrimination raciale (Géorgie c. Fédération de Russie)*, mesures conservatoires, ordonnance du 15 octobre 2008, *Rec.* 2008, p. 353, pour une demande remontant au 14 août 2008.

[346] C.E.D.H., *Géorgie c. Fédération de Russie (II)* (déc.), n°38263/08, 13 décembre 2011, § 5 : mentionnant une demande de mesures provisoires de la Géorgie en date du 11 août 2008 et une décision du président de la Cour prise un jour plus tard le 12 août 2008.

[347] C.I.J., *Allégations de génocide au titre de la convention pour la prévention et la répression du crime de génocide (Ukraine c. Fédération de Russie)*, mesures conservatoires, ordonnance du 16 mars 2022, § 86.

militaires contre les personnes civiles »[348]. S'il faut féliciter les juges de Strasbourg pour cette rapidité, une raison explique tout de même la différence de délais entre les deux juridictions. En effet, la C.I.J., contrairement à la C.E.D.H., tient de véritables audiences relatives aux demandes de mesures conservatoires. S'ajoute à cela que la Cour de La Haye rend des ordonnances extrêmement développées dans lesquelles les critères d'octroi des mesures, ainsi que les éléments de sa compétence *prima facie,* sont présentés. Or, la Cour européenne, elle, ne prend pas le soin d'éclaircir tous ces points, et accorde des mesures provisoires sans même laisser une chance aux États de s'exprimer oralement, ou ne serait-ce qu'à l'écrit, sur celles-ci[349]. Cela fît dire à L. HENNEBEL et H. TIGROUDJA que : « le droit européen du provisoire est extrêmement obscur et opaque car (…) la protection ou le refus de protection provisoire ne fait pas l'objet d'une décision motivée et publiée, ni même contradictoire »[350]. Or cette absence de motivation des décisions est extrêmement préjudiciable, et tout à fait « intolérable dès que leur est reconnu un caractère contraignant » [351] . La comparaison sur ce point ne permet donc pas de donner une priorité indéniable à la Cour européenne.

Ce n'est d'ailleurs pas tant sur la rapidité d'octroi que la différence se fait mais plutôt sur l'application par les États des mesures ordonnées. Car une mesure provisoire rapidement indiquée n'a pas d'intérêt si elle n'est pas respectée. Heureusement, en principe, la valeur contraignante des mesures provisoires a été reconnue devant les organes juridictionnels de protection des droits de l'homme tels que la Cour interaméricaine[352], la

---

348 Communiqué de presse, « La Cour européenne indique des mesures provisoires urgentes dans une requête concernant les opérations militaires russes sur le territoire ukrainien », 1er mars 2022, CEDH 068 (2022).

349 P. TZENG, *supra.*

350 L. HENNEBEL, H. TIGROUDJA, *op. cit.*, note 24, p. 572, concluant ainsi : « Bien souvent, c'est à l'occasion des arrêts au fond ou par communiqués de presse que l'on apprend que la Cour européenne a accepté, refusé ou reconduit des mesures, ce qui est insatisfaisant tant pour les requérants, pour leurs avocats que pour les États eux-mêmes ».

351 G. LE FLOCH, *op. cit.*, note 3, p. 146.

352 J. M. PASQUALUCCI, *The Practice and Procedure of the Inter-American Court of Human Rights*, New York, Cambridge University Press, 2e éd., 2013,

Cour européenne[353] ou la Cour internationale de Justice[354]. Mais cette portée obligatoire des mesures provisoires a été consacrée principalement afin de protéger des individus dans des cas particuliers. Or, les violations récemment soulevées par les recours interétatiques semblent largement dépasser le cadre individuel. Les États recherchent désormais des mesures provisoires capables de calmer des conflits politiques d'ampleur, et notamment des conflits armés. Dans de telles situations les États semblent bien plus réticents à l'idée de respecter les mesures indiquées[355]. Que ce soit pour la C.E.D.H. ou pour la C.I.J. il est extrêmement difficile de faire appliquer des mesures provisoires dans des cas de conflits politiques majeurs aux vastes violations. Les États n'ont que faire des mesures provisoires extrêmement générales dont le strict respect impliquerait pour les États de revenir sur un grand nombre de décisions politiques, risquant la décrédibilisation face à l'opinion publique nationale[356]. Cette critique des mesures provisoires abstraites et générales non-appliquées par les États doit toutefois être nuancée. Le problème ne vient pas tant d'elles directement, mais plutôt de l'incapacité de l'ensemble du système de protection des droits

---

p. 291. En ce sens : C.I.D.H., *Constitutional Court (Pérou)*, mesures provisoires, ordonnance du 14 août 2000.

[353] Portée obligatoire initialement refusée (C.E.D.H., *Cruz Varas et autres c. Suède*, arrêt du 20 mars 1991) puis reconnue après un revirement de la Cour (C.E.D.H., *Mamatkulov et autres c. Turquie*, req. n° 46827/99 et n° 46951/99, arrêt du 6 février 2003).

[354] C.I.J., *LaGrand (Allemagne c. États-Unis d'Amérique)*, arrêt du 27 juin 2001, *Rec.* 2001, p. 506, § 109 : « la Cour parvient à la conclusion que les ordonnances indiquant des mesures conservatoires au titre de l'article 41 ont un caractère obligatoire ».

[355] K. DZEHTSIAROU, « Can the European Court of Human Rights prevent war ? Interim measures in inter-state cases », *Public Law*, 2016, vol. 2, p. 254 : « It is submitted here that general measures in the course of an inter-state conflict might incur high costs of compliance ».

[356] La politique de « dénazification » sur le territoire ukrainien, voulue et assumée par le gouvernement russe depuis plusieurs mois ne risque pas de prendre fin en raison des mesures provisoires indiquées par le C.E.D.H. et le C.I.J. en février et mars 2022.

de l'homme à régler des situations globales de violations à l'instar des conflits armés[357].

En somme, cette insuffisance circonstancielle des mesures provisoires n'enlève rien à la stratégie judiciaire des États puisque ceux-ci les demandent systématiquement après avoir introduit un recours interétatique. Il est de toute manière impossible d'affirmer pour l'heure qu'un organe de protection a su trouver la méthode parfaite pour établir des mesures provisoires parfaitement adaptées et certainement respectées dans le cadre des recours interétatiques [358]. Les mesures provisoires permettent *a minima* de rappeler aux États que, peu importent les circonstances, les règles relatives aux droits de l'homme s'appliquent et doivent être respectées[359]. Ce symbolisme n'a rien d'exagéré et sa constance n'est pas toujours sans porter ses fruits[360].

En somme, le recours interétatique est loin d'être dénué d'intérêts. Tout au contraire, que ce soit dans une perspective de garantie collective, ou dans une recherche de protection plus égoïste des droits de l'homme, la saisine étatique d'un organe de protection a bien des raisons d'exister. Pourtant, et malgré les stratégies politiques et judiciaires développées par les États, le constat numérique semble sous-entendre que le recours interétatique manque encore cruellement d'attractivité. Les disparités entre les organes de protection indiquent vraisemblablement des insuffisances à la fois s'agissant des modalités procédurales du recours, mais aussi et peut-être surtout concernant la volonté des États de s'emparer du mécanisme.

---

[357] K. DZEHTSIAROU, V. TZEVELEKOS, « Interim Measures: Are Some Opportunities Worth Missing ? », *European Convention on Human Rights Law Review*, vol. 2, n° 1, p. 9.

[358] P. TZENG, *op. cit.*, note 344 : « No judicial institution has mastered the procedure of interim measures. There is no ideal model to follow. It is something that international courts and tribunals everywhere are struggling with, and somtehing which they will probably continue to struggle with for some time ».

[359] P. LEACH, *op. cit.*, note 106, p. 27.

[360] S. KIRCHNER, *op. cit.*, note 334, p. 60.

TITRE II

Les obstacles au recours interétatique

Comment expliquer qu'en dépit de tous ses intérêts, le recours interétatique ne fut utilisé par les États que de manière très exceptionnelle ? Les cas de violations des droits de l'homme n'ont pourtant pas disparu de la surface du globe. Bien des indices montrent la persistance d'atteintes graves et massives aux droits de l'homme. Le premier indicateur est sûrement le nombre de recours individuels devant les organes de protection, aussi bien universels[361] que régionaux[362]. Mais si ces recours individuels attestent parfois davantage de violations isolées, il suffit de regarder les multiples commissions

[361] A titre d'exemple le C.E.R.D. a reçu à lui seul plus de communications individuelles que le nombre cumulé de recours interétatiques devant tous les organes de protection des droits de l'homme réunis : 52 communications individuelles au total, concernant quasi-uniquement des États européens, puisqu'en dehors de ce continent seule l'Australie a connu des communications à son encontre. Voir en ce sens : C. MAINA PETER, « Accessing justice by all means : individual communications before UN treaty bodies – a case study of CERD », *in* M. C. BASSIOUNI, W. A. SCHABAS (dir.), *New Challenges for the UN Human Rights Machinery : What Future for the UN Treaty Body System and the Human Rights Council Procedures ?*, Cambridge, Intersentia, 2011, pp. 123-134.

[362] Déjà en 2010, la Commission interaméricaine traitait près de 1 500 requêtes individuelles par année : L. SHAVER, « The Inter-American Human Rights System : An Effective Institution for Regional Rights Protection », *Washington University Global Studies Law Review*, 2010, Vol. 4-9, p. 670. Le constat est significativement plus flagrant encore au niveau européen, puisque la C.E.D.H. avait toujours en 2021 près de 70 000 requêtes individuelles pendantes devant elle (*Rapport annuel*, préc., note 76).

d'enquête et missions d'établissement des faits du Conseil des droits de l'homme des Nations Unies pour comprendre que des violations bien plus généralisées persistent également[363]. Alors comment se fait-il qu'avec autant d'organes de protection à leur disposition et autant de violations subsistantes les États n'agissent que si peu ? La sous-utilisation du recours interétatique est d'autant plus étonnante qu'il était possible de penser que les États, en ratifiant les conventions relatives aux droits de l'homme, acceptaient la possibilité, si ce n'est l'obligation, de se saisir des organes institués en cas de violations apparentes[364]. En réalité, deux raisons majeures expliquent l'échec du recours interétatique, du moins en terme numérique. Non seulement les organes de protection des droits ne semblent pas suffisamment équipés pour traiter de tels recours (Chapitre I), mais les États sont aussi eux-mêmes trop réticents à en faire usage (Chapitre II).

---

[363] Des missions d'enquête mandatées par le Conseil des droits de l'homme pour connaître des situations de graves violations du droit international des droits de l'homme sont encore en cours dans 10 pays : Syrie, Soudan du Sud, République démocratique du Congo, Myanmar, Venezuela, Libye, Israël (et territoire palestinien occupé), Ethiopie, Ukraine, et Nicaragua.

[364] M. BALCERZAK, « Uses and Underuses of the International Convention on the Elimination of All Forms of Racial Discrimination at the International Court of Justice », *Polish Yearbook of International Law*, 2018, n°38, p. 13 : « It could reasonably be argued that an honest and good faith-based commitment on the part of states to their treaty obligations should normally result in the states' readiness to submit thmeselves to the judicial mechanisms of international dispute settlements ».

CHAPITRE I

Le recours interétatique face aux insuffisances des organes de protection

Les organes de protection des droits de l'homme n'ont pas pour unique objet de régler des différends interétatiques. Les cours régionales par exemple doivent connaître de recours individuels, ou encore assurer une fonction consultative[365]. Les comités onusiens connaissent eux plusieurs mécanismes non contentieux[366], à l'instar du contrôle sur enquête ou sur rapport périodique. C'est donc un ensemble de moyens juridictionnels et non juridictionnels qui sont mis en œuvre par les organes de protection. La tâche est évidemment ardue et les faiblesses de certains procédés sont souvent soulignées[367]. Dès lors, le contrôle du respect des droits de l'homme sur plainte ou communication étatique n'est pas forcément la priorité des organes dont le fonctionnement n'est pas adapté spécifiquement

---

[365] J. M. PASQUALUCCI, *op. cit.*, note 352, p. 38 : « The American Convention grants the Inter-American Court advisory jurisdiction. The European Convention for the Protection of Human Rights and Fundamental Freedoms accords the European Court of Human Rights a restricted advisory jurisdiction. The Protocol of the African Charter of Human and Peoples' Rights (...) endows the Court with a broad advisory jurisdiction ».

[366] Voir sur ce sujet A. WEBER, *Les mécanismes de contrôle non contentieux du respect des droits de l'homme*, Paris, Pedone, 2008, 412 p.

[367] Notamment au niveau onusien, sur ce sujet voir l'ensemble des participations à l'ouvrage de M. C. BASSIOUNI, W. A. SCHABAS (dir.), *New Challenges for the UN Human Rights Machinery : What Future for the UN Treaty Body System and the Human Rights Council Procedures ?*, Cambridge, Intersentia, 2011, 480 p.

à cette mission. De même, selon la nature de la violation, certains organes connaissent davantage de difficultés à trouver une solution que d'autres. A titre d'exemple, les violations touchant un nombre restreint d'individus seront potentiellement plus difficiles à traiter devant les comités onusiens que devant les juridictions régionales. Inversement, les prétoires de ces dernières semblent moins appropriés aux recours concernant des violations massives des droits de l'homme[368]. Finalement, les procédures juridictionnelles ou quasi-juridictionnelles des organes de protection des droits de l'homme sont, en certains points, inadaptées aux besoins d'une affaire interétatique. Ces insuffisances, issues souvent des dispositions conventionnelles instituant et organisant la compétence des organes, ne jouent assurément pas en faveur de l'attractivité du recours interétatique. Les organes de protection ne sont effet pas tous conçus de manière à permettre un accès facile aux recours interétatiques (Section I), ni de manière à les traiter à la hauteur des espérances des États (Section II).

SECTION I. LE DIFFICILE ACCES A UN ORGANE DE PROTECTION COMPETENT

La multiplication des organes de protection des droits de l'homme[369] peut être mal interprétée. En effet, le nombre, certes conséquent, de ces organes, ne peut attester à lui seul d'un accès suffisant à des mécanismes de contrôle sur recours interétatique. Autrement dit, ce n'est pas parce que des organes de protection existent, même dotés d'une possible saisine étatique, que les États pourront s'y présenter de manière satisfaisante. Deux élé-

---

368 T. BUERGENTHAL, *op. cit.*, note 94, p. 791 : « It must be recognized, however, that the United Nations and its various human rights institutions are largely ineffectual in dealing with individual human rights violations. Here, the regional human rights systems, dealt with below, are more effective. […] The UN system is better equipped to deal with large-scale violations of human rights, for which it commands the necessary political, military, and public relations resources ».

369 L. HENNEBEL, H. TIGROUDJA, *loc. cit.*, note 34 ; J.-M. LARRALDE, *loc. cit.*, note 309.

ments soutiennent principalement ces limites structurelles[370] des systèmes de protection des droits de l'homme. Le premier est tout simplement l'absence totale et préjudiciable d'organe juridictionnel compétent sur certains continents (§ 1). Cette difficulté aurait pu être palliée par la compétence d'organes universels, mais ces derniers ne sont pas, en majorité, dotés d'une procédure obligatoire (§ 2).

§ 1 – Le défaut d'organes juridictionnels spécialisés

La protection des droits de l'homme permise par les recours interétatiques trouve son expression la plus raffinée devant les organes juridictionnels. H. GROS ESPIELL, ancien Président de la C.I.D.H., l'affirmait très clairement : « La protection la plus efficace des droits de l'homme est celle qui résulte du fonctionnement de cours ou de tribunaux internationaux, organismes juridictionnels qui appliquent le droit international des droits de l'homme »[371]. Le système européen et, dans une moindre mesure, les systèmes interaméricain et africain démontrent que ce mécanisme de sanction s'exerce principalement à l'échelon régional, là où il est le plus efficace[372]. Les organes juridictionnels spécialisés dans la protection des droits de l'homme n'existent d'ailleurs qu'à l'échelle régionale[373]. Cependant, les droits de l'homme sont en théorie une notion universelle devant être appliquée partout où elle peut l'être. Dès lors, et par un simple syllogisme, chaque partie du globe dans laquelle les États ont su se réunir en organisation régionale devrait pouvoir bénéficier d'une protection juridictionnelle effective. Celle-ci passe évidemment par l'institution d'une cour régionale des droits de l'homme. Or tel n'est vraisemblablement

---

370 S. LECKIE, *op. cit.*, note 26, p. 251.

371 H. GROS ESPIELL, « La Commission et la Cour interaméricaine des droits de l'homme. Situation actuelle et perspectives d'avenir », *in Mélanges en hommage à L. E. Pettiti*, Bruxelles, Bruylant, 1998, p. 443, expliquant également que : « la protection des droits de l'homme trouve sa meilleure garantie dans le droit, dans l'intervention des juges internationaux indépendants qui connaissent le droit, le comprennent et l'appliquent ».

372 R. ERGEC, *op. cit.*, note 46, p. 25.

373 L'étude du cas de la C.I.J. sera donc exclue de ce développement.

pas le cas, puisque seules trois cours régionales fonctionnent à ce jour. En effet, comme le résume T. BUERGENTHAL : « Unfortunately, regional human rights systems have been established in only three regions of the world, even though they are needed in every one »[374]. A cet égard, deux organisations régionales ayant pourtant développé des attributs propres aux droits de l'homme ne bénéficient toujours pas d'organe juridictionnel capable de connaître de recours interétatique. La première est une organisation fondée essentiellement sur un critère géographique. Il s'agit de l'Association des Nations d'Asie du Sud-Est (A.S.E.A.N.)[375]. La seconde relève davantage d'une alliance culturelle, puisqu'il s'agit de la Ligue des États Arabes (L.E.A.).

Le continent asiatique connaît, comme les autres, des violations des droits de l'homme. Cependant ces abus « non seulement restent nombreux et variés, mais aussi souvent impunis bien longtemps après leur commission » [376] . En effet, l'A.S.E.A.N. ne s'est intéressée que tardivement à la question des droits de l'homme. L'organisation dont l'objet est principalement politique et économique fut fondée en 1967 et répondait initialement à un objectif de paix en pleine guerre froide. Mais, comptant aujourd'hui dix États membres [377] , l'A.S.E.A.N. a connu un renouveau normatif avec la ratification et l'entrée en vigueur de sa Charte en 2008. C'est précisément cette Charte qui semble ouvrir le champ des possibles en matière de protection des droits de l'homme. Les articles 1.7 et 2.2 (i) prévoient l'obligation pour les États membres d'agir conformément au respect des droits de l'homme[378]. Cependant,

---

[374] T. BUERGENTHAL, *op. cit.*, note 94, p. 791.

[375] On préférera ici l'acronyme anglophone qui est davantage utilisé par la doctrine, même francophone, plutôt que sa stricte transcription « A.S.A.N.E. ».

[376] J. DUPOUEY, « Les droits de l'homme au sein de l'ASEAN, un régime protecteur en construction », *R.D.H.*, 2018, vol. 14, p. 1.

[377] Les États fondateurs sont l'Indonésie, la Malaisie, les Philippines, Singapour et la Thaïlande. Ont ensuite adhéré à l'organisation Brunei (1984), le Vietnam (1995), le Laos (1997), le Myanmar (1997) et le Cambodge (1999). Le Timor oriental a déposé une demande d'adhésion qui est toujours dans l'attente de réponse.

[378] Article 1.7 de la Charte A.S.E.A.N. : « To strengthen democracy, enhance good governance and the rule of law, and to promote and protect human rights

la Charte mentionne également des principes sur lesquels les États membres ont insisté depuis que l'A.S.E.A.N. existe et qui ne vont pas dans le sens d'une protection collective des droits de l'homme telle que conçue dans le Conseil de l'Europe. En effet, le préambule de la Charte indique que les États respectent entre autres les principes d'indépendance et de non-ingérence dans les affaires intérieures de chacun[379]. Malgré tout, la Charte prévoit la création d'un organe de protection des droits de l'homme en vertu de son article 14. C'est en 2009 que celui-ci va voir le jour sous le nom de Commission intergouvernementale des droits de l'homme. Principalement dotée de la capacité de produire de nouvelles normes relatives aux droits de l'homme, la Commission a notamment procédé à la rédaction de la Charte de l'A.S.E.A.N. sur les droits de l'homme de 2012. Malheureusement, non seulement cet organe n'a pas de véritable pouvoir de contrôle, sur enquête ou sur rapport, mais aucune fonction judiciaire ou quasi-judiciaire ne lui fut confiée. Il n'existe, par conséquent, aucun mécanisme de plainte étatique, et encore moins de requête individuelle. Cette absence de mécanisme judiciaire a été remarquée[380] et des propositions pour une Cour régionale compétente en matière des droits de l'homme ont été faites[381]. Toutefois, l'idée semble pour l'instant inenvisageable en raison des nombreuses divergences persistantes quant à l'interprétation des droits de l'homme entre les États membres. Celles-ci tiennent notamment

---

and fundamental freedoms ». Article 2.2 (i) de la Charte A.S.E.A.N. : « respect for fundamental freedoms, the promotion and protection of human rights, and the promotion of social justice ».

[379] Principes qui sont aussi expressément rappelés aux articles 2.2. (a), (e) et (k).

[380] H-L. TAN, T*he ASEAN Intergovernemental Commission on Human Rights : Institutionalising Human Rights in Southeast Asia*, Cambridge, Cambridge University Presse, 2011, 308 p. ; H. D. PHAN, *A selective Approach to Establishing a Human Rights Mechanism in Southeast Asia : The case for a Southeast Asia Court of Human Rigths*, Leiden/ Boston, Martinus Nijhoff, 2012, pp. 5-6 : « The region needs a human rights mechanismwith more legal force. [...] Against this background, the AICHR is not a strong mechanism with the authority to issue binding decisions to redress human rights violations and effectively change state behavior in this regard ».

[381] H. D. PHAN, *ibid.*, pp. 185-232.

aux différences de régimes entre États démocratiques et États non-démocratiques [382]. Plus encore, les principes de non-ingérence et surtout de consensus décisionnel[383] entre les États membres empêchent la création de mécanismes quasi-judiciaires ou judiciaires adéquats[384]. A supposé qu'une procédure de recours interétatique soit reconnue, il ne serait donc pas assuré que les États s'en saisissent, quand bien même les occasions ne viendraient sûrement pas à manquer. Mais il vaut mieux, en cas de différend interétatique, disposer d'un tel mécanisme, que de devoir obligatoirement se résoudre à agir devant les organes universels, soit non-contraignants, soit non spécialisés.

Le problème ne se présente pas tout à fait de la même manière s'agissant des États arabes. Si, comme l'A.S.E.A.N., la L.E.A. n'avait pas initialement pour objet de protéger les droits de l'homme elle a tout même adopté une Charte relative à ces derniers [385]. La principale différence avec le système de l'A.S.E.A.N. se trouve être l'adoption par les États arabes d'un Statut en faveur d'une future Cour arabe des droits de l'homme. Ce Statut, adopté le 7 septembre 2014, prévoit en effet la mise en place d'un « organe judiciaire arabe indépendant visant à promouvoir la volonté des États Parties à mettre en œuvre les engagements en matière des droits de l'homme et de ses liber-

---

[382] N. KIPGEN, « Association of Southeast Asian Nations (ASEAN) : Cooperation Problems on Human Rights », *Strategic Analysis*, 2012, vol. 36-1, p. 107.

[383] J. DUPOUEY, *op. cit.*, note 376, p. 6 : « Le processus décisionnel qui s'exprime par le 'ASEAN Way' est un dispositif de votation qui permet à chaque Etat de l'ASEAN d'opposer son veto face à tout projet ou prise de décision qu'il trouverait désavantageux(se) ou potentiellement dangereux(se) ou dommageable à son endroit ».

[384] N. KIPGEN, *supra*, p. 108 : « This traditional policy has been the primary reason, and has often been used as an excuse, for ASEAN member states to maintain silence on human rights violations ».

[385] Une première Charte fut adoptée en 1994 mais, à défaut de ratifications, n'est jamais entrée en vigueur. Il a fallu attendre 2004 avec une nouvelle version de la Charte pour que cette fois les États membres se décident à la ratifier. Elle est finalement entrée en vigueur en 2008.

tés »[386]. Cependant, s'il faut se féliciter d'une telle initiative, « la lecture du Statut de la Cour arabe des droits de l'homme n'augure pas d'une réelle avancée en vue de la création d'un système protection »[387]. En effet, plusieurs points attestent d'une insuffisance de cette Cour, notamment pour connaître de manière satisfaisante des recours interétatiques. La première critique n'est autre que le doute persistant quant à son établissement concret. Car comme le prévoit l'article 33 du Statut, la Cour ne sera mise en place qu'à condition qu'au moins sept États membres en ratifient le Statut. Or, jusqu'ici, seule l'Arabie Saoudite, en 2016, a procédé à une telle ratification. Ainsi, rien ne permet de garantir à ce stade que la Cour verra le jour[388]. Si un tel évènement vient malgré tout à avoir lieu, une seconde ombre au tableau persistera, celle de la compétence extrêmement limitée de la Cour. Non seulement, aucun mécanisme de recours individuel n'a été prévu, mais s'agissant du recours interétatique, seuls les cas de protection diplomatique pourront être portés devant la Cour[389]. La comparaison avec les autres systèmes régionaux montre alors à quel point la future Cour arabe des droits de l'homme n'entend pas connaître de recours interétatiques portés par une volonté de garantie collective[390]. S'ajoute à cela que la compétence

---

386 Article 2 du Statut de la Cour arabe des droits de l'homme (traduction non-officielle du Centre Arabe pour l'Éducation au Droit international Humanitaire et aux Droits Humains).

387 L. HENNEBEL, H. TIGROUDJA, *op. cit.*, note 24, p. 421.

388 N. MEKKI, « Faut-il euthanasier le système régional arabe de protection des droits de la personne (pour mieux la ressusciter) ? », *Blog de la Chaire de recherche du Canada sur la justice internationale pénale et les droits fondamentaux*, Université de Laval, 2020 : « On ne peut être que dubitatif quant à la naissance même de cette Cour vu le rythme très lent des ratifications ».

389 Article 19 (1) : « L'État partie dont l'un des ressortissants prétend être une victime de violation de l'un des droits de l'homme, a le droit de recourir à la Cour à condition que l'État requérant et l'État défendeur fassent parties du Statut ou qu'elles aient accepté la compétence de la Cour en vertu de l'article 20 du Statut ».

390 K. MAGLIVERAS, G. NALDI, « The Arab Court of Human Rights : a Study in Impotence », *R.Q.D.I.*, 2016, vol. 29-2, p. 162 : « Usually only in the context of grave or massive violations can states be prevailed upon to pursue legal action against another state. But under the Statute, a state is limited to

consultative de la Cour n'est pas ouverte aux États membres pris individuellement, mais uniquement au Conseil de la L.E.A. et à ses organes[391]. Une autre critique est possible s'agissant des mesures provisoires en cas d'urgence et de préjudices irréparables puisque la Cour n'est pas dotée d'un tel mécanisme par le Statut. Ainsi, même dans des cas de protection diplomatique, la Cour ne semble pas en capacité d'intervenir de manière appropriée pour des violations toujours en cours[392]. En somme, il est permis de douter de l'utilité du projet de Cour arabe tel qu'il est formulé dans la version actuelle de son Statut[393]. Certains Etats concernés, également membres de l'U.A., pourront envisager des recours interétatiques devant la C.A.D.H.P. ou devant la Com. A.D.H.P.[394], mais cette solution sonne davantage comme un aveu de faiblesse.

En clair, et au-delà des critiques faites aux cours régionales préexistantes, un besoin d'organe judiciaire spécifique aux droits de l'homme persiste sur certaines parties du globe. Le projet de Cour universelle des droits de l'homme pourrait en partie répondre à ces insuffisances régionales[395]. Une autre solution, certes à valeur moins contraignante, serait de renforcer la compétence des organes universels devant lesquels aussi bien les États de l'A.S.E.A.N. que de la L.E.A. peuvent former des

---

exercising its right of diplomatic protection, it is not the case that the contracting parties are deemed to have a collective interest in upholding the provisions of the 2004 Charter ».

[391] Article 21 du Statut.

[392] K. MAGLIVERAS, « Completing the Institutional Mechanism of the Arab Human Rigths System », *International Human Rights Law Review*, 2017, vol. 6-1, p. 51 : « The latter omission is especially worrisome and renders the ACHR incapacble to intervene in cases where human rights violations are taking place or might occur if not promptly prevented ».

[393] T. MAZJOUB, F. QUILLERE MAZJOUB, « De l'utilité de la future Cour arabe des droits de l'homme : de quelques réflexion sur son Statut », *R.T.D.H.*, 2015, pp. 645-671.

[394] K. MAGLIVERAS, G. NALDI, *supra*, p. 172.

[395] Voir notamment en ce sens : M. NOWAK, « It's time for a World Court of Human Rights », *in* M. C. BASSIOUNI, W. A. SCHABAS (dir.), *op. cit.*, note 367, pp. 17-33 ; M. OETTINGER, « Design and Implementation of a World Court of Human Rights », *Vermont Bar Journal*, 2016, vol. 42-4, pp. 26-32 ; I. RASILLA, « The World Court of Human Rights : Rise, Fall and Revival », *Human Rights Law Review*, 2019, vol. 19-3, pp. 585-604.

communications étatiques. Cependant, un autre problème se pose à cet égard pour les recours interétatiques, celui de l'absence d'organes dotés d'une procédure obligatoire.

§ 2 – Le défaut d'organes dotés d'une procédure obligatoire

Parmi les obstacles à l'exercice du recours interétatique par les États figure en premier plan la nature optionnelle ou facultative de la compétence de la majorité des organes de protection. En effet, comme l'explique S. LECKIE : « The interstate complaint procedure is generally optional rather than mandatory. [...] Thus, while inherent to a large degree throughout human rights law, the optional naturel of this complaint has and will continue to limit its utilization »[396]. A l'exception des compétences obligatoires des organes européens et africains, ainsi que du C.E.R.D., l'ensemble des organes de protection ne peuvent connaître d'un recours interétatique qu'à la condition que les États requérants et défendeurs aient reconnu, par une déclaration préalable, la compétence de l'organe saisi.

Cette condition d'accès aux organes concerne principalement les comités onusiens dotés d'un mécanisme de plainte étatique[397]. En effet, outre le C.E.R.D., les six comités onusiens pouvant connaître de communications étatiques doivent d'abord obtenir le consentement des États à ce qu'ils puissent être saisis à leur égard. Or, si les conventions ont été ratifiées par un grand nombre d'États, plusieurs comités n'ont connu que de très rares déclarations d'acceptation de leur compétence en matière de différend interétatique. Dans un ordre décroissant, la procédure de plainte étatique devant le Comité contre la torture a été reconnue par plus d'une soixantaine d'États. Le Comité des droits de l'homme a lui reçu cinquante déclarations d'acceptation de sa compétence au titre de l'article 41 du P.I.D.C.P., quand le Comité des disparitions forcées n'en a connu que deux fois moins, soit précisément vingt-cinq déclarations étatiques. La compétence des trois derniers comités a été

[396] S. LECKIE, *op. cit.*, note 26, p. 253.

[397] L. HENNEBEL, H. TIGROUDJA, *op. cit.*, note 34, p. 277.

si peu reconnue par les États que l'exercice d'un recours interétatique y semble très peu probable. En effet, seuls quatorze États ont accepté la procédure du Comité des droits de l'enfant, et plus étonnant peut-être, le Comité des droits économiques, sociaux et culturels n'a vu l'article 10 de son Protocole facultatif n'être reconnu que par cinq États [398]. Enfin, la procédure du Comité des travailleurs migrants n'a été acceptée que par deux États [399], l'Équateur et le Salvador. Ainsi, la probabilité de voir une procédure de communication étatique être engagée devant un comité onusien est extrêmement limitée. Elle l'est d'autant plus que ce refus d'une majorité d'États de reconnaître la compétence des comités n'incite aucunement les États hésitants à y procéder. Car à quoi bon accepter une procédure qui n'a que très peu de chances de fonctionner ? C'est ce que confirme R. ERGEC à propos du Comité des droits de l'homme en écrivant que le « caractère facultatif de la procédure et la réticence de nombre d'Etats à s'y soumettre s'explique par le nombre relativement faible ayant reconnu la compétence du Comité » [400].

Le constat est peu ou prou le même s'agissant du système interaméricain puisque ni la Com. I.D.H. ni la C.I.D.H. ne peuvent connaître de recours interétatiques sans que les États aient effectué préalablement une déclaration reconnaissant leur compétence [401]. Or, seulement dix des vingt-cinq États ayant ratifié la Convention ont accepté la compétence de la Commission. En revanche vingt-deux États ont accepté la compétence de la Cour. Toutefois, malgré ces déclarations d'acceptation l'accès au prétoire de la Cour se trouve tout aussi restreint que celui de la Commission puisque toute plainte interétatique semble devoir d'abord passer devant la

---

[398] C. COURTIS, *op. cit.*, note 292, p. 99 : « La faible proportion d'Etats ayant ratifié le Protocole facultatif qui ont accepté la procédure de communications interétatiques atteste de peu d'enthousiasme des États pour cette réponse ».

[399] La Turquie a déclaré en 2004 au moment de sa ratification de la Convention internationale sur la protection des droits de tous les travailleurs migrants qu'elle « reconnaîtra plus tard la compétence du Comité » mais rien n'a été fait en ce sens depuis.

[400] R. ERGEC, *loc. cit.*, note 46.

[401] Article 45 et 62 de la Conv. A.D.H.

Commission avant d'être renvoyée à la Cour[402]. Le cas du système interaméricain est particulièrement intéressant car il est le seul à exiger des déclarations d'acceptation de compétence pour les recours interétatiques, alors que la procédure des recours individuels se trouve elle être automatique devant la Commission[403]. Les espoirs ne sont donc pas fondés sur le règlement des différends interétatiques, et il semble difficile d'imaginer que de nouveaux recours soient formés.

Mais sans cette barrière d'acceptation de la compétence facultative des organes de protection, est-ce que les États formeraient véritablement davantage de recours interétatiques ? Pour répondre il paraît pertinent d'observer le fonctionnement des trois organes dotés d'une compétence obligatoire. A cet égard, le nombre d'affaires interétatiques devant la C.E.D.H. semble attester d'un meilleur système de protection en cas de compétence obligatoire. Mais le succès du recours s'y explique de bien d'autres manières, et notamment par l'esprit de la Convention, en faveur d'un ordre commun des droits de l'homme. De même, il existe en Europe une volonté particulière à l'initiative des recours des États s'expliquant par un partage culturel et historique de valeurs communes. Si un tel phénomène semble également prendre forme dans le système interaméricain[404], il paraît bien plus difficile de l'envisager à l'échelle universelle. La preuve de l'insuffisance de l'automatisme de la compétence d'un organe de protection pour renforcer l'exercice du recours interétatique se confirme dans le système africain. Les compétences en matière de recours interétatiques de la Com. A.D.H.P. et de la C.A.D.H.P. ne requièrent en effet aucune déclaration spéciale d'acceptation de la part des États. Pourtant la « catégorie de cette saisine est marginale » et « la Cour n'a été saisie

---

402 Com. I.D.H., *Nicaragua c. Costa Rica* (irrecevabilité), décision du 8 mars 2007, affaire interétatique 01/06, rapport n°11/07, § 133.

403 Article 44 de la Conv. A.D.H. ; en ce sens T. BUERGENTHAL, *op. cit.*, note 94, p. 796.

404 En ce sens L. BURGOGUE-LARSEN, « Vers la création d'une culture commune en matière de droits fondamentaux en Amérique latine : De la force du juge... », *in* A.-S. LAMBLIN-GOURDIN et E. MONDIELLI (dir.), *Un droit pour des hommes libres : Etudes en l'honneur d'Alain Fenet*, Ionrai, LexisNexis Litec, 2008, pp. 11-27.

d'aucune affaire interétatique »[405]. Enfin, le C.E.R.D., seul comité onusien à connaître une compétence obligatoire n'a été saisi pour la première fois qu'en 2018. Nonobstant ces trois récentes communications étatiques, la procédure du Comité est largement sous-utilisée[406]. Les réserves formulées par les États à la clause compromissoire de l'article 22 de la C.I.E.R.D. permettant une saisine de la C.I.J.[407] montrent d'ailleurs que le problème semble davantage venir des réticences étatiques d'être soumis à un recours venu d'un autre État que d'une absence de juridiction obligatoire[408].

En somme, la compétence optionnelle des organes de protection est un obstacle structurel à l'exercice des recours interétatiques, mais il ne permet pas d'expliquer à lui seul la sous-utilisation du mécanisme par les États. D'autres insuffisances procédurales semblent malheureusement participer au manque d'attractivité des organes de protection, et même à leur inefficacité.

Section II. Le difficile traitement des recours interetatiques

Pour que le recours interétatique retrouve une certaine attractivité, il faut que les organes de protection assurent aux

[405] R. Ben Achour, *loc. cit.*, note 99.

[406] M. Balcerzak, *op. cit.*, note 364, p. 27 : « it would be difficult to argue that states have shown much willingness to use the settlement dispute procedures they themselves created in 1965. […] ICERD inter-state dispute settlement procedures – both the « internal » ones as well as the one allowing for seisin of the ICJ – are underused ».

[407] Vingt-cinq États ont toujours une réserve en vigueur à l'égard de la clause compromissoire de l'article 22. A noter tout de même que plusieurs États ont retiré leurs réserves dans les années 90 et début 2000 : Biélorussie (1989), Hongrie (1989), Mongolie (1990), Bulgarie (1992), Pologne (1997), Roumanie (1998), Rwanda (2008).

[408] Tout comme la pratique de certains États qui ont fait le choix de reconnaître uniquement la compétence des comités en matière de recours individuel délaissant la procédure interétatique. En témoignent par exemple les déclarations de l'Uruguay et du Mexique qui reconnaissent la compétence du Comité des travailleurs migrants pour les recours individuels (article 77) mais pas pour les recours interétatiques (article 76).

États une procédure satisfaisante. Il n'est donc pas uniquement question de l'accès à la juridiction ou à l'organe quasi-juridictionnel. Les États jugeront opportun de former un recours s'ils remarquent que dans de précédentes affaires l'organe a su traiter correctement les recours. Plusieurs critères peuvent influencer le choix de l'État : les délais de jugement, les méthodes et moyens employés pour instruire l'affaire, la valeur de la décision finale, la possibilité ou non d'obtenir une satisfaction indemnitaire... Autant de défis à relever pour les organes qui fondent des espoirs sur la résolution des différends interétatiques. A cet égard, ce sont les systèmes régionaux, et principalement le système européen, qui connaissent, en raison de la multiplication de leur nombre d'affaires interétatiques, le plus de difficultés procédurales (§ 1). Cependant, l'organe juridictionnel européen reste toujours plus attractif que les comités onusiens dont la procédure non-contentieuse est loin d'être satisfaisante (§ 2).

§ 1 – Les défis de la Cour européenne face à la multiplication des recours

Le nombre de recours interétatiques devant la C.E.D.H. porte à croire que l'organe juridictionnel du Conseil de l'Europe se trouve en plein âge d'or du mécanisme de saisine dévolu aux États[409]. La Cour connaît actuellement douze affaires interétatiques pendantes devant elle. Or un tel nombre d'affaires, en plus des 70 000 requêtes individuelles (dont la solution dépend parfois de celle qui sera donnée aux recours interétatiques), plonge la Cour dans un besoin impérieux d'efficacité et de rapidité. A ce titre, le Comité directeur pour les droits de l'homme (C.D.D.H.) du Conseil de l'Europe a missionné un Comité d'experts sur le système de la Convention européenne des droits de l'homme (DH-SYSC) pour améliorer les mécanismes de contrôle de la Cour. L'un des groupes de rédaction de ce dernier a alors été chargé d'« explorer comment traiter plus efficace-

[409] J. BATURA, L. KLERNEIT, I. RISINI, « A golden age of inter-state complaints ? », *Völkerrechtsblog*, International Law & International Legal Thought, 2020.

ment les affaires liées à des conflits interétatiques (…) en particulier au vu des défis liés à la charge de travail auxquels la Cour est confrontée »[410]. En 2018, le Comité d'expert avait déjà mis en exergue deux problèmes majeurs : l'allongement des délais de traitement des affaires devant la Cour et la complexification de l'établissement des faits[411]. Ces défis sont également mentionnés dans les récentes publications doctrinales relatives aux requêtes interétatiques[412].

En effet, s'agissant d'abord de la question des délais devant la Cour, nul doute qu'un organe de protection incapable de résoudre dans un temps raisonnable les affaires qui lui sont soumises perd en crédibilité et en attractivité. Le temps pris par une juridiction pour connaître d'une affaire et y apporter une solution est un critère récurrent pour juger de son efficacité. Or la C.E.D.H. a vu ses délais se rallonger d'année en année, et notamment pour les recours interétatiques[413]. Initialement la Com. E.D.H. mettait approximativement deux à trois années pour étudier la recevabilité du recours puis établir son rapport[414]. Cependant, dès les années 1990 les délais se rallongèrent, la Commission puis la Cour mettant parfois plus de cinq années à statuer au fond sur un recours interétatique. L'affaire *Chypre c. Turquie (IV)* par exemple a été introduite en novembre 1994 et dut attendre juin 1999 pour qu'un rapport de la Commission

---

[410] C.D.D.H., *Rapport de réunion*, 7 avril 2022, DH-SYSC-IV.

[411] C.D.D.H., *Proposals for more efficient processing of inter-state cases by the Commitee on working methods*, 18 juin 2018.

[412] I. Risini, G. Ulfstein, « Inter-State Applications under the European convention on Human Rights : Strengths and Challenges », *EJIL : Talk !*, Blog of The European Journal of International Law, 2020 ; P. Leach, « Enhancing Fact-finding in Inter-State Cases », *Völkerrechtsblog*, International Law & International Legal Thought, 2021 ; T. Marauhn, « Less is More : Limited Fact-Finding to Avoid Overburdening the European Court of Human Rights in Inter-State Cases », *Völkerrechtsblog*, International Law & International Legal Thought, 2021.

[413] P. Leach, *op. cit.*, note 106, p. 45.

[414] A titre d'exemple la toute première affaire *Grèce c. Royaume-Uni (I)* fut introduite en mai 1956 et le rapport de la Commission fut rendu en septembre 1958. Le recours *Autriche c. Italie* fut lui formé en juillet 1960 et le rapport de la Commission fut communiqué en mars 1963. Plus rapide encore, les recours *Chypre c. Turquie (I) et (II)* furent introduits en 1974 et 1975, et ont fait l'objet d'un rapport de la Commission dès 1976.

soit rendu[415]. De même, la Cour a rendu ses arrêts dans les affaires *Géorgie c. Fédération de Russie (I)* et *Géorgie c. Fédération de Russie (II)* près de sept et treize ans après l'introduction des requêtes[416]. A noter d'ailleurs qu'une solution sur le fond ne veut pas dire qu'une réponse a été apportée s'agissant de la satisfaction équitable et donc de l'indemnisation des victimes. L'illustration la plus flagrante est l'espace de cinq ans entre l'arrêt au fond de la Cour dans *Géorgie c. Fédération de Russie (I)* de 2014 et l'arrêt en satisfaction équitable de 2019[417]. Cela est d'autant plus problématique que les situations de violations des droits de l'homme sont souvent urgentes, et que les recours interétatiques conditionnent la solution et l'indemnisation qui seront apportées dans le cadre des recours individuels sur lesquels la Cour peut surseoir à statuer dans l'attente d'une solution interétatique. Là encore, dans l'affaire *Géorgie c. Fédération de Russie (I)*, les recours individuels parallèles durent attendre l'arrêt sur le fond de 2014 pour qu'une réponse leur soit donnée en 2016[418]. Mais il leur fallu patienter davantage pour que la Cour prenne en 2019 un arrêt sur la satisfaction équitable qui permit plus concrètement leur indemnisation quelques semaines plus tard[419]. Ainsi, une durée trop longue dans la procédure interétatique sera préjudiciable aux États mais aussi aux victimes directes qui ont osé former un recours. Cela est évidemment problématique et ne semble pas inciter les États à agir. Ces derniers peuvent estimer que des délais aussi longs risquent de faire perdre tout intérêt à leurs recours en raison des changements de circonstances dans les conflits soulevés qui peuvent se produire rapidement. Plus précisément, pour les États qui espèrent du recours qu'il puisse

---

[415] Com. E.D.H., *Chypre c. Turquie (IV)*, rapport du 4 juin 1999, req. n° 25781/94.

[416] C.E.D.H., *Géorgie c. Russie (I)* [GC], n°13255/07, arrêt du 3 juillet 2014 ; C.E.D.H., *Géorgie c. Russie (II)* [GC], n°38263/08, arrêt du 21 janvier 2021.

[417] C.E.D.H., *Géorgie c. Russie (I)* (satisfaction équitable) [GC], n°13255/07, arrêt du 31 janvier 2019.

[418] C.E.D.H., *Berdzenishvili and others v. Russie*, arrêt du 20 décembre 2016, req. n° 14594/07, 14597/07, 14976/07, 14978/07, 15221/07, 16369/07 et 16706/07, § 4.

[419] C.E.D.H., *Berdzenishvili and others v. Russie* (satisfaction équitable), arrêt du 26 mars 2019, § 11.

mettre fin à un conflit, l'allongement des délais est un obstacle de taille. Cependant, ce critère ne découragera pas les États qui ne forment un recours que pour dénoncer une situation et faire pression politiquement sans fonder d'espoirs dans une résolution judiciaire finale.

Ce rallongement des délais de l'organe de protection européen résulte d'abord de la surcharge de son prétoire et du trop grand nombre d'affaires devant elles. Le constat est vrai pour les recours individuels, mais également pour les recours interétatiques. Chaque conflit entre États porté devant la Cour constitue pour elle une charge de travail extrêmement importante. Or, comme il l'a été dit précédemment, la Cour de Strasbourg connaît une dizaine d'affaires étatiques pendantes. Cette situation de surcharge s'explique notamment et simplement par l'assouplissement des conditions de recevabilité pour les recours interétatiques[420]. Les chiffres parlent d'eux-mêmes puisque sur les 19 affaires sur lesquelles la Commission ou la Cour se sont déjà exprimées, seule une a fait l'objet d'une décision d'irrecevabilité[421].

Par ailleurs, et outre le « laxisme » de la Cour dans la fixation des délais donnés aux États pour rendre leurs conclusions[422], l'autre raison de ces délais rallongés se trouve précisément être le second défi que doit résoudre la Cour, c'est-à-dire sa difficulté à établir rapidement et comme il se doit les faits de chaque affaire. Car bien souvent, la Cour est saisie par les États comme une juridiction de première instance[423]. En effet, les plaintes interétatiques peuvent faire exception à l'exigence de l'épuisement des voies de recours internes en prouvant l'existence d'une pratique administrative de l'État défendeur

---

[420] I. RISINI, G. ULFSTEIN, *op. cit.*, note 412.

[421] C.E.D.H., *Slovénie c. Croatie* [GC] (irrecevabilité), décision du 18 novembre 2020, req. n°54155/16.

[422] P. LEACH, *op. cit.*, note 106, p. 46, reprenant notamment l'exemple des 12 mois accordés à la Géorgie et à la Russie pour préparer leurs argumentions avant que la Cour ne statue sur les questions de satisfaction équitable dans l'affaire *Géorgie c. Fédération de Russie (I)*, ce qui explique notamment les cinq années entre l'arrêt au fond et la fixation des montants d'indemnisation des victimes géorgiennes.

[423] I. RISINI, *op. cit.*, note 26, p. 181.

contraire aux droits de l'homme[424]. Par conséquent, aucune autre juridiction nationale n'aura eu à connaître de l'affaire faisant que celle-ci n'a, à aucun moment, été instruite avant qu'elle soit confiée à la Cour. Dans une telle situation il revient à la fois à la Cour et aux États parties de procéder à l'établissement des faits. N'ayant pas de règle spécifique concernant la charge de la preuve, cette mission est donc partagée, comme en atteste l'article 38 de la Convention : « La Cour examine l'affaire de façon contradictoire avec les représentants des parties, et s'il y a lieu, procède à une enquête pour la conduite efficace de laquelle les Hautes Parties contractantes intéressées fourniront toutes facilités nécessaires ». Dès lors, et comme l'explique I. RISINI : « The proceedings before the Strasbourg Court are between inquisitorial and adversarial in character »[425]. Cette procédure de recherche de preuves est d'une importance cruciale pour la Cour et pour les droits de l'homme en général[426]. Elle permet de juger une affaire à l'aune de l'ensemble des éléments du conflit et des violations qui sont en cause, tant globales, qu'individuelles. Néanmoins, s'agissant des recours interétatiques, la tâche semble, à bien des égards, particulièrement ardue. Elle l'est d'abord d'un point de vue purement logistique, en raison de l'ampleur des conflits interétatiques durant lesquels des violations massives des droits de l'homme sont commises. Ainsi, en dehors des cas de stricte protection diplomatique, les enquêtes sur place et les auditions de témoins ou victimes, deviennent extrêmement lourdes et coûteuses, que ce soit en temps ou en argent[427]. C'est une sorte d'effet boule de neige,

---

[424] C.E.D.H., *Géorgie c. Russie (I)* (recevabilité), décision du 30 juin 2009, req. n°13255/07, § 40.

[425] I. RISINI, *op. cit.*, note 26, p. 182.

[426] T. FRANCK, H. S. FAIRLEY, « Procedural Due Process in Human Rights Fact-finding by International Agencies », *A.J.I.L.*, 1980, vol. 74-2, p. 308 : « The fact finders' report, given full publicity, serves to clarify misconceptions, absolve or embarass the investigated party, influence public opinion, and, where appropriate, facilitate further expressions of community disapprobation ».

[427] P. LEACH, C. PARASKEVA, G. UZELAC, « Human Rights Fact-finding. The European Court of Human Rights at a Crossroads », *Netherlands Quaterly of Human Rights*, 2010, vol. 28-1, p. 43 : « the excessive backlog of cases may

puisque les différends interétatiques sont difficiles à traiter par nature, et se multiplient en pratique[428]. S'ajoute à cela, comme si ce n'était déjà pas assez, le refus des États de coopérer avec la Cour et de ne pas fournir par exemple tous les documents nécessaires à l'instruction[429]. Certains sont même parfois allés jusqu'à rejeter l'ensemble de la procédure au fond, comme l'a fait par exemple la Turquie dans les plusieurs affaires l'opposant à Chypre devant la Com. E.D.H. s'agissant de l'occupation par l'armée turque depuis 1974 d'une partie du territoire chypriote[430]. Afin de gagner du temps, plusieurs propositions soulignent l'intérêt des nouvelles technologies, que ce soit pour éviter des audiences de témoins dans les pays concernés (visioconférence), ou pour amasser des preuves qui avec le temps auraient disparu[431]. Néanmoins, ces modalités innovantes ne peuvent remplacer totalement les mécanismes classiques d'enquête et audiences sur place. Le témoignage de l'ancien juge à la C.E.D.H. Monsieur O'DONOGHUE s'agissant de l'affaire grecque (mais rédigé dans une opinion séparée jointe à l'arrêt *Irlande c. Royaume-Uni*) illustre parfaitement la nécessité de ces déplacements : « On ne saurait surestimer l'importance de recueillir des témoignages sur place. En tant

---

mean increasing pressures on Court judges and officials not to sanction fact finding processes because they are time-consuming and expensive ».

[428] I. RISINI, G. ULFSTEIN, *op. cit.*, note 412 : « The challenge is multiplied by the fact that inter-State applications are already voluminous, rendering the dealing with the inter-State applications time-consuming ».

[429] P. LEACH, *op. cit.*, note 106, p. 47 : « The excessive lenght of time taken to assess inter-state cases is exacerbated by states' perennial non-cooperation with the Court ».

[430] Com. E.D.H., *Chypre c. Turquie (IV)*, rapport du 4 juin 1999, req. n° 25781/94, § 32 : « le Gouvernement défendeur a informé la Commission qu'il refusait de répondre aux questions qui lui avaient été adressées et confirmé sa décision de ne pas participer à la procédure consacrée par la Commission au fond de la requête 'parce qu'il considère que la décision de la Commission de retenir la requête procède d'un excès de pouvoir' ».

[431] D. ACCATINO, C. COLLINS, « Truth, Evidence, Truth : The Deployment of Testimony, Archives and Technical Data in Domestic Human Rights Trials », *J.H.R.P.*, 2016, vol. 8, p. 91, qui dans le contexte de recherches de preuves s'agissant des violations des droits de l'homme au Chili durant la dictature militaire d'Augusto Pinochet, soutiennent par exemple la nécessité des tests ADN pour résoudre les cas de décès ou de disparitions.

que membre de la sous-commission dans l'affaire grecque, j'ai visité certains des lieux de détention et entendu les témoins qui se plaignaient des mauvais traitements qu'on leur infligeait pendant leur détention. Aucune description écrite, si colorée fût-elle, n'aurait pu être aussi instructive que la visite de la prison de la rue Boubolinos à Athènes »[432].

La question de l'équilibre à trouver entre établissement suffisant des faits et délais raisonnables n'est donc vraisemblablement pas encore résolue. L'ampleur des affaires entre l'Ukraine et la Russie dont la Cour aura à connaître durant les prochaines années ne risque pas de faciliter la tâche. Toutefois, les organes du Conseil de l'Europe se penchent activement sur la problématique du traitement efficace des affaires interétatiques, invitant en creux les États à ne pas délaisser le prétoire de la Cour. A l'inverse, les organes universels, et plus précisément les comités onusiens, n'ont jamais vu leur compétence en matière de communications étatiques connaître un grand succès. Plusieurs insuffisances expliquent cet échec du mécanisme de contrôle.

§ 2 – L'échec de la plainte étatique devant les comités onusiens

La principale raison de l'absence de toute communication étatique, excepté devant le C.E.R.D., semble être de prime abord l'absence de compétence automatique ou obligatoire[433]. Mais n'y a-t-il pas d'autres manières d'expliquer le désaveu des États à l'égard de ce mécanisme de contrôle des comités ? La question se pose notamment s'agissant de la nature de cette procédure de contrôle sur plaintes étatiques. En effet, à la lumière de la pratique du recours interétatique devant la C.E.D.H. ou devant la C.I.J., il est possible d'affirmer que les États semblent davantage attirés par une procédure contentieuse devant un organe judiciaire. Or c'est précisément ce que ne proposent pas les comités onusiens. Dès leur conception, il fut décidé que

---

432 C.E.D.H., *Irlande c. Royaume-Uni, arrêt du* 18 janvier 1978, Série A, opinion séparée de M. le Juge O'DONOGUE, p. 96.
433 Voir Section 1 § 2 *supra.*

les comités seraient des organes non-judiciaires, dotés d'outils non-contentieux. L'objectif était de rassurer les États et de les inciter à user du mécanisme. C'est ce que confirme S. LECKIE en affirmant que : « The emphasis upon 'bilateral negotiations', 'good offices', and 'amicable solutions' indicate that this particular inter-state procedure was designed in such a way as to decrease inhibitions pertaining to the use of this method of addressing human rights questions » [434] . Les débats de l'A.G.N.U. en 1966, sur la manière dont devait être conçue la plainte étatique devant le C.C.P.R., indiquent en effet que : « l'on envisage pas de faire du comité une instance judiciaire ou un organe d'arbitrage »[435]. Que ce soit devant le C.C.P.R., le C.E.S.C.R., ou le C.E.R.D., la procédure choisie relève donc davantage d'une méthode de conciliation, de médiation, fondée sur les bons offices des comités[436]. Ce rejet total d'un procédé contentieux n'a pas fait tout de suite l'unanimité, puisque certains États militaient pour un contrôle plus strict des comités[437]. S'agissant encore par exemple du C.C.P.R., le projet initial de la Commission des droits de l'homme tendait à créer « un organe de caractère judiciaire » mais il fut décidé à l'inverse de « constituer à la place deux organes distincts : un comité des bons offices et une commission de conciliation *ad hoc* »[438].

Le problème d'une telle procédure est son incompatibilité avec les tensions politiques sous-tendues par les conflits interétatiques en matière de droits de l'homme. Autrement dit, espérer que les États acceptent de négocier devant un Comité et

---

[434] S. LECKIE, *op. cit.*, note 26, p. 265.

[435] Intervention de M. SAKSENA (Inde) à la 1428e séance de la Troisième Commission de l'A.G.N.U., « Articles sur les mesures de mise en œuvre du projet de Pacte relatif aux droits civils et politiques », A/C.3/SR.1428, p. 318, § 10.

[436] C. COURTIS, *loc. cit.*, note 292.

[437] O. DELAS, M. THOUVENOT, V. BERGERON-BOUTIN, « Quelques considérations entourant la portées des décisions du Comité des droits de l'homme », *R.Q.D.I.*, 2017, vol. 30-2, p. 15.

[438] Intervention de M. MIRZA (Pakistan) à la 1435e séance de la Troisième Commission de l'A.G.N.U., « Articles sur les mesures de mise en œuvre du projet de Pacte relatif aux droits civils et politiques », A/C.3/SR.1435, p. 370, § 29.

à l'aide de celui semble irréaliste tant les situations sont conflictuelles. Un mécanisme de négociation préalable à une instance n'est pas dénué d'intérêt, mais il attire bien moins quand en cas d'échec aucune solution judiciaire n'est envisageable. Car à la lecture des dispositions conventionnelles onusiennes organisant les communications étatiques, il apparaît évident que l'ensemble de la procédure dépend de la bonne volonté des États. Même l'application du rapport final d'un comité peut être refusée par un État, comme en témoigne l'article 13 § 2 de la C.I.E.D.R. : « Lesdits États font savoir au Président du Comité, dans un délai de trois mois, s'ils acceptent, ou non, les recommandations contenues dans le rapport de la Commission ». Si un des États parties rejette les recommandations (qui par ailleurs ne sont faites que dans une optique de « règlement amiable »[439]) aucune procédure supplémentaire n'est envisagée. Le contrôle du Comité s'arrête sans qu'aucune solution tangible n'ait finalement pu être trouvée[440]. Il y a donc un déséquilibre entre le résultat pouvant être attendu de la procédure devant un comité, et les conditions extrêmement compliquées pour mener à bien le mécanisme (que ce soit la condition d'acceptation de la compétence, ou l'investissement politique dans de longs mois de négociations). A quoi bon risquer une plainte étatique devant un comité si ce n'est que pour obtenir une « méthode de conciliation la plus anodine, consistant simplement à faire intervenir un tiers chargé d'essayer d'amener les parties intéressées à reprendre des négociations rompues »[441] ?

Un espoir persistait néanmoins. Il suffisait qu'une communication étatique soit portée devant un comité, et qu'elle

---

[439] Article 13 § 1 C.I.E.D.R.

[440] M. C. Bassiouni, « A Critical Introduction Assessment of the UN Human Rights Mechanisms », *in* M. C. Bassiouni, W. A. Schabas (dir.), *op. cit.*, note 367, p. 4 : « Once issued, these findings and recommendations may be rejected by the State parties, and since there is no subsequent procedure identified by the ICCPR, the original objection is potentially rendered moot by up to three years of negotiations and committee activity incapable of producting any tangible results ».

[441] Intervention de M. Bazan (Chili) à la 1428e séance de la Troisième Commission de l'A.G.N.U., « Articles sur les mesures de mise en œuvre du projet de Pacte relatif aux droits civils et politiques », A/C.3/SR.1428, p. 321, § 45.

porte ses fruits, pour que le mécanisme puisse connaître un 'renouveau'. Ainsi, les plaintes du Qatar contre les Émirats Arabes Unis et l'Arabie Saoudite introduites devant le C.E.R.D. en 2018, ainsi que la communication palestinienne de la même année à l'encontre d'Israël, semblaient être les occasions parfaites pour démontrer l'utilité et l'efficacité du mécanisme. Le Comité étudia la recevabilité de chaque plainte et affirma sa compétence pour en connaître[442]. Cependant, si ces saisines ont permis de donner un premier exemple d'affaires interétatiques pouvant être soumises à un comité onusien [443], elles n'apportèrent pas en revanche une réponse satisfaisante sur l'intérêt de la procédure de bons offices. S'agissant d'abord des communications qataries, elles n'aboutirent à aucun rapport final puisque l'étude des affaires par les commissions de conciliation *ad hoc* fut suspendue en raison de l'Accord d'Al-Ula du 5 janvier 2021 qui concernait notamment les États parties[444]. Les deux commissions avaient demandé aux États de leur faire savoir avant le 5 mars 2022 s'ils souhaitaient reprendre l'examen des communications, ce qui n'a pas eu lieu. Impossible donc de tirer de véritables conclusions sur la pertinence de la procédure interétatique du Comité. Toutefois, l'affaire *Palestine c. Israël* est toujours en cours. Il est donc encore possible de voir une procédure onusienne aller à son terme. Toutefois, la décision du Comité de reconnaître sa compétence à l'égard de plainte palestinienne a déjà fait l'objet de vives critiques. Il fut notamment souligné que les États parties ne sont pas du tout dans le même esprit que celui souhaité pour mener à bien une conciliation devant le Comité. En effet, la Palestine recherche davantage une victoire

---

[442] C.E.R.D., *Qatar c. Émirats Arabes Unis*, décision de recevabilité du 27 août 2019, C/99/4 ; C.E.R.D., *Qatar c. Arabie Saoudite*, décision de recevabilité du 27 août 2019, C/99/5 ; C.E.R.D, *Palestine c. Israël*, décision de recevabilité du 30 avril 2021, C/103/R.6.

[443] D. KEANE, « CERD Reaches Historic Decisions in Inter-State Communications », *EJIL : Talk !*, Blog of the European Journal of International Law, 2019.

[444] C.E.R.D., *Qatar c. Émirats Arabes Unis*, décision de suspension du 15 mars 2021, Commission de conciliation ad hoc ; C.E.R.D., *Qatar c. Arabie Saoudite,* décision de suspension du 15 mars 2021, Commission de conciliation *ad hoc*.

symbolique sur le plan juridique qu'une solution concrète sur le plan diplomatique[445], quand Israël rejette en bloc une procédure qu'elle estime en l'espèce être irrecevable et dangereuse pour la viabilité du mécanisme lui-même[446].

Par ailleurs, d'autres États ont préféré agir directement devant la C.I.J. en usant de la clause compromissoire de l'article 22 de la C.I.E.D.R. faisant remarquer à l'occasion l'inefficacité de la procédure du Comité. Tel fut le cas dans l'une des plaidoiries de l'Ukraine dans l'affaire l'opposant à la Russie devant la Cour internationale de Justice. A la thèse russe selon laquelle il aurait d'abord fallu tenter une conciliation devant le C.E.R.D. l'Ukraine rétorque que les saisines qataries et palestinienne prouvent que le mécanisme du Comité ne fonctionne qu'à moitié et ne permet pas une réponse rapide dans des conflits d'envergure[447].

En somme, la conception du recours interétatique devant les comités onusiens semble largement inappropriée à l'ampleur politique des différends actuels en matière de protection des droits de l'homme. Mais tout n'est pas uniquement de la « faute » de ces insuffisances procédurales. Le comportement et la stratégie des États expliquent aussi en grande partie la sous-utilisation du recours interétatique, que ce soit devant les or-

---

445 E. Decaux, « La décision du Comité pour l'élimination de la discrimination raciale relative à sa compétence adoptée le 12 décembre 2019 au regard de la communication interétatique déposée par l'État de Palestine contre Israël », *R.T.D.H.*, 2021, vol. 126-2, p. 444.

446 C.E.R.D., *Palestine c. Israël* (questions de procédure préliminaires et renvoi devant le Comité), 15 juin 2021, C/100/3, § 41, dans laquelle Israël affirme notamment que l'exécution de la procédure interétatique « dans des circonstances aussi controversées et au mépris de l'irrecevabilité de la communication ne ferait qu'affaiblir sa légitimité et celle de la Convention dans son ensemble ».

447 C.I.J., *Application de la convention internationale pour la répression du financement du terrorisme et de la convention internationale sur l'élimination de toutes les formes de discrimination raciale (Ukraine c. Fédération de Russie)*, Audience publique du 7 juin 2019, Plaidoirie de M. Gimblett, p. 53, § 33 : « From the Convention's entry into force in 1969 until 2018 – almost half a century – the CERD Committee received no inter-State complaints, pursuant the mechanism in Article 11. Even now, over a year on from the Committee's first receipt of such complaints, it has taken no decisions in any of those cases ».

ganes universels[448] ou devant les organes régionaux. Leurs réticences sont telles qu'il est possible d'en conclure à un certain désaveu du recours interétatique.

[448] S. LECKIE, *op. cit.*, note 26, p. 265 : « one of the most restrictive conditions affecting inter-state complaints is the fear that complaining states will be forced to withstand public and diplomatic criticism by the state complained against of its own human rights record ».

CHAPITRE II

Le recours interétatique face au désaveu des Etats

En dépit de certaines faiblesses procédurales des organes de protection, les États ont toujours un intérêt, aussi bien national que commun, à s'engager en faveur d'un véritable respect des droits de l'homme. Plus encore, agir pour la protection des droits de l'homme relèverait aujourd'hui d'une obligation. Selon J. A. CARILLO SALCEDO, les États ont, en effet, « des obligations positives de deux types » que sont « la création dans leur droit interne des conditions d'effectivité pour ces droits et libertés » et surtout « la réaction face à des violations graves et massives des droits fondamentaux de l'homme qui constituent des faits illicites contre la communauté internationale et concernent donc les États »[449]. Appliqué au cas du recours interétatique, ce raisonnement induit que l'État requérant agit en vertu de son obligation positive pour que l'État défendeur respecte lui son obligation négative de ne pas porter atteinte aux droits de l'homme. Ainsi, en théorie, à la moindre violation, un État se doit de former un recours à l'encontre de l'État coupable qui doit réparer les préjudices causés et se mettre en règle avec les conventions qu'il a ratifié. En pratique cependant, de telles situations où chaque État joue le jeu du contrôle de l'organe de protection font figurent d'exceptions.

[449] J. A. CARILLO SALCEDO, *Souveraineté des États et droits de l'homme en droit international contemporain*, Paris, Dalloz, 2016, p. 18.

En réalité, la « rareté »[450] ou l'utilisation « parcimonieuse »[451] du recours interétatique démontre que les États ne souhaitent pas forcément utiliser ce mécanisme, quand bien même les autres techniques de contrôle et de protection n'ont pas permis de mettre un terme aux violations massives des droits de l'homme qui persistent à travers le globe[452]. Ces occasions manquées attestent d'un refus des États d'user du recours interétatique (Section I). La protection des droits de l'homme se trouve d'ailleurs plus difficile à réaliser quand le recours interétatique est exercé mais que l'État condamné rejette l'ensemble de la procédure ainsi que les solutions qui en résultent (Section II).

SECTION I. LE REFUS DES ETATS D'USER DU RECOURS INTERETATIQUE

Comme il l'a été déjà rappelé plusieurs fois précédemment, le recours interétatique en matière de droits de l'homme apparaît aux yeux de bien des États comme un procédé paradoxalement belliciste. Si juridiquement le principe de non-ingérence ne s'applique pas en matière de droits de l'homme, les États n'ont pas pour autant fait une croix sur son respect tacite[453]. La plainte étatique semble donc être pour certains États le derniers recours d'une stratégie diplomatique qui espère ne pas en arriver là. Pour certains seulement car la sensibilité des États à l'égard du recours interétatique n'est pas vraisemblablement la même selon les continents. L'écart quantitatif entre le système européen et les systèmes africain et interaméricain indique en effet qu'il faut une certaine culture contentieuse des droits de l'homme pour espérer que le recours interétatique soit employé sans hésitation immobiliste. Toutefois, cela veut-il dire à

---

[450] P.-H. IMBERT, *loc. cit.*, note 25.
[451] F. SUDRE, *loc. cit.*, note 23.
[452] T. BUERGENTHAL, *op. cit.*, note 94, p. 806 : « All these recent developments have obviously not put an end to the many violations of human rights that are still victimizing millions of human being in different parts of the world ».
[453] H. LABAYLE, *loc. cit.*, note 157.

l'inverse que les États américains ou africains n'engagent aucune action en cas de violation des droits de l'homme au sein de leurs organisations régionales respectives ? La réponse est heureusement et évidemment négative. Certes le recours interétatique n'est pas utilisé, mais son rejet n'empêche pas les États de choisir des voies d'action de natures différentes (§ 1) ou devant des organes différents (§ 2).

§ 1 – Le rejet du recours contentieux : la préférence interaméricaine pour le consultatif

Le système interaméricain n'a connu que deux affaires interétatiques potentiellement contentieuses. Outre ce nombre extrêmement limité, les deux recours n'ont pas permis d'envisager l'ensemble du mécanisme interétatique puisqu'aucun n'a connu de solution sur le fond. Le recours nicaraguayen contre le Costa-Rica fut jugé irrecevable[454] quand le recours équatorien contre la Colombie fut archivé en raison d'un règlement amiable[455]. Ces deux affaires ayant eu lieu devant la Commission, la C.I.D.H. n'a jamais été saisie d'un recours interétatique en vertu des articles 61 et 62 de la Convention américaine. Il y a donc selon L. BURGOGUE-LARSEN « une rareté contentieuse singulière qui contraste grandement avec le système européen de garantie des droits de l'homme »[456]. Cette situation interaméricaine pourrait être interprétée comme un refus tacite et régional des États de l'O.E.A. de se contrôler mutuellement et de refuser l'usage de tout mécanisme contentieux ou non-contentieux. En réalité, seul le recours interétatique fut délaissé.

En effet, les États américains ont, à plusieurs reprises, préféré la compétence consultative de la Cour à sa compétence contentieuse. Celle-ci est prévue à l'article 64 de la C.I.D.H. : « Les États membres de l'Organisation pourront consulter la

---

[454] Com. I.D.H., *Nicaragua c. Costa Rica* (irrecevabilité), 8 mars 2007, affaire interétatique 01/06, rapport n°11/07

[455] Com. I.D.H., *Équateur c. Colombie* (archivage), 4 novembre 2013, affaire interétatique 12.779, rapport n°96/13

[456] L. BURGOGUE-LARSEN, « Le traitement des différends interétatiques dans le cadre du Système interaméricain », *op. cit.*, note 91, p. 34.

Cour à propos de l'interprétation de la présente Convention ou de tout autre traité concernant la protection des droits de l'homme dans les États américains ». Si certains organes de l'O.E.A. sont aussi en mesure de procéder à une telle consultation, ce sont bien les États qui s'en sont le plus saisis[457]. Ainsi, il y aurait une préférence étatique pour le mécanisme non-contentieux que constitue la procédure d'avis consultatif. Celle-ci s'explique d'abord par les inconvénients du recours interétatique, qui sont principalement le nombre restreint d'Etats à avoir reconnu la compétence de la Commission, et la crainte des « conséquences potentiellement adverses sur le commerce qui pourraient se présenter pour le pays qui déciderait d'y avoir recours »[458]. Cette préférence s'explique également et surtout par les avantages indéniables de la procédure consultative par rapport à la procédure contentieuse. Les conditions de recevabilité sont quasiment inexistantes puisqu'il n'existe ni règle d'épuisement des voies de recours internes ni obligation de passer d'abord devant la Commission[459]. De même, la procédure est bien moins formelle puisque la Présidence de la Cour fixe elle-même le délai de dépôt des observations écrites[460] et peut inviter ou autoriser « toute personne intéressée à présenter son opinion écrite sur tous les points qui font l'objet de la consultation »[461]. S'ajoutent à cela les délais très rapides de la Cour en matière consultative[462].

Des États membres de l'O.E.A. n'ont donc pas hésité à user de la procédure consultative de la C.I.D.H. dans des circons-

---

457 E. TARDIF, « Le système interaméricain de protection des droits de l'homme : particularités, percées, et défis », *La Revue des Droits de l'Homme*, 2014, vol. 6, n°5, p. 218 : « Durant les trois premières décennies de son existence, la cour a ainsi émis 20 avis, la majorité desquels ayant été demandés par un État membre ».

458 *Ibid.*, p. 217.

459 L. SHAVER, *op. cit.,* note 93, p. 658.

460 Article 73 § 2 du Règlement de la C.I.D.H. de 2009.

461 Article 73 § 3 du Règlement de la C.I.D.H. de 2009.

462 Approximativement dix à douze mois selon A. A. CANÇADO TRINDADE, « Current State and Perspectives of the Inter-American System of Human Rights Protection at the Dawn of the New Century », *Tulane Journal of International and Comparative Law*, 2000, vol. 8, p. 28, repris par L. SHAVER, *supra.*

tances qui relèvent pourtant de conflits interétatiques dont « la charge politique en arrière-plan (…) fut parfois majeure »[463]. Le Mexique a par exemple demandé à deux reprises des avis consultatifs concernant les droits de ses ressortissants détenus aux États-Unis[464] et les droits de ses ressortissants travaillant sans papiers aux États-Unis[465]. La Colombie forma elle aussi deux demandes qui concernaient cette fois deux États différents. La première avait pour objectif d'influencer le cours de l'affaire du *Différend territorial et maritime* qui l'opposait au Nicaragua devant la Cour internationale de Justice[466]. La seconde concernait les conséquences juridiques des dénonciations de la Convention américaine, ce qu'a précisément fait le Venezuela en 2012[467]. Par ailleurs, plusieurs États américains firent également une demande commune d'avis consultatif s'agissant des droits des enfants migrants et de leur protection internationale en matière d'asile[468]. Là encore la procédure était destinée à soulever un désaccord avec notamment les États-Unis qui étaient compris dans la région comme ayant connu le plus d'arrivées migratoires[469]. En clair, ces quelques exemples montrent que les demandes des États en matière consultative ne sont pas neutres, et visent précisément des circonstances

---

463 L. BURGOGUE-LARSEN, *supra*, p. 36.
464 C.I.D.H., *The right to information on consular assistance in the framework of the guarantees of the due process of law (Mexique)*, avis consultatif du 1er octobre 1999, OC-16/99.
465 C.I.D.H., *Juridical Condition and Rights of Undocumented Migrants (Mexique)*, avis consultatif du 17 septembre 2003, OC-18/03 ; avis qui fut notamment considéré comme « the most progressive jurisprudence to date on the labor rights of undocumented migrants » par J. L. CAVALLARO, S. E. BREWER, « Reevaluating Regional Human Rights Litigation in the Twenty-First Century : The Case of the Inter-American Court », *A.J.I.L.*, 2008, vol. 102-4, p. 822.
466 C.I.J., *Différend territorial et maritime (Nicaragua c. Colombie)*, arrêt du 19 novembre 2012, *Rec.* 2012, p. 624.
467 C.I.D.H., *The Obligations in Matters of Human Rights of a State that has Denounced the American Convention on Human Rights and the Charter of the Organization of American States (Colombie)*, avis consultatif du 9 novembre 2020, OC-26/20.
468 C.I.D.H., *Rights and Guarantees of Children in the Context of Migration and/or in Need of International Protection (Argentine, Brésil, Paraguay, Uruguay)*, avis consultatif du 19 août 2014, OC-21/14.
469 *Ibid.*, § 2.

conflictuelles. Les avis consultatifs de la Cour ont même laissé entrevoir des notions similaires à celles employées par le contentieux interétatique des droits de l'homme. La C.I.D.H. a par exemple fait référence à l'intérêt public interaméricain et à l'esprit de garantie collective sous-tendu par la Convention[470].

Ce mécanisme permet donc de mettre en lumière et de résoudre des divergences interétatiques qui seraient apparues au cours de violations des droits de l'homme sans pour autant expressément désigner un État coupable. Il s'agit donc de recours interétatiques déguisés ou camouflés[471]. Mais cela n'a pas été sans poser certains problèmes. Des États estimaient d'abord ne pas pouvoir faire l'objet d'avis consultatifs puisqu'ils n'étaient pas parties à la Convention américaine et n'étaient donc pas soumis à la juridiction de la Cour. Mais cette dernière refusa l'argument rappelant que sa compétence consultative concerne l'ensemble des traités relatifs aux droits de l'homme s'appliquant sur le territoire des États américains quand bien même certains n'ont pas ratifié sa Convention[472]. Une autre critique fut émise s'agissant précisément du caractère camouflé du conflit interétatique soumis à l'avis consultatif de la Cour. En effet, des États estimaient que la Cour n'avait pas à exercer sa compétence consultative s'agissant d'affaires qui ressemblaient davantage à des conflits interétatiques politiques[473] qu'à de strictes questions juridiques d'interprétation ou d'application. Selon eux la Cour ne peut connaître de tels différends que s'il a

---

[470] C.I.D.H., *The Obligations in Matters of Human Rights of a State that has Denounced the American Convention on Human Rights and the Charter of the Organization of American States (Colombie)*, avis consultatif du 9 novembre 2020, OC-26/20, p. 51, §§ 163-164.

[471] J. CONTESSE, *op. cit.*, note 92.

[472] C.I.D.H., *Rights and Guarantees of Children in the Context of Migration and/or in Need of International Protection (Argentine, Brésil, Paraguay, Uruguay)*, avis consultatif du 19 août 2014, OC-21/14, p. 11, § 23 : « Another characteristic of the breadth of this function relates to the purpose of the consultation, which is not limited to the American Convention, but includes other treaties concerning the protection of human rights in the States of the Americas ».

[473] N. CARILLO-SANTARELLI, « The Politics behind the Latest Advisory Opinions of the Inter-American Court of Human Rights », *Blog of the International Journal of Constitutional Law*, 24 février 2018.

été fait usage d'une procédure appropriée, c'est-à-dire du mécanisme contentieux de recours interétatique. Mais la Cour a refusé de reconnaître une telle limitation de sa compétence consultative affirmant que son avis consultatif n'aurait pas pour conséquence d'empêcher la protection contentieuse des droits de l'homme : « the Court finds no reason to reject this request for an advisory opinion, convinced as it is that its pronouncement on the matter will provide guidance, both to the Commission and to the parties that appear before it, on important procedural aspects of the Convention, without jeopardizing the balance that must exist between legal certainty and the protection of human rights »[474]. La Cour s'appuie d'ailleurs sur les avis rendus par la C.I.J. qui avaient déjà rejeté cette objection. La Cour de La Haye avait notamment expliqué que les États n'ont pas à donner leur consentement pour que la Cour s'exprime en matière consultative[475], et qu'une demande d'avis n'a pas à être rejetée quand bien même elle aurait en creux des implications politiques[476]. La C.I.D.H. a d'ailleurs confirmé sa volonté de ne pas empiéter par sa procédure consultative sur de potentiels recours interétatiques futurs[477].

---

474 C.I.D.H., *Reports of the Inter-American Commission on Human Rights (Chili)*, avis consultatif du 14 novembre 1997, OC-15/97, p. 11, § 41.

475 C.I.J., *Interprétation des traités de paix*, avis consultatif du 30 mars 1950, *Rec.* 1950, p. 71 : « Le consentement des États parties à un différend est le fondement de la juridiction de la Cour en matière contentieuse. Il en est autrement en matière d'avis, alors même que la demande d'avis a trait à une question juridique actuellement pendante entre Etats ».

476 C.I.J., *Licéité de l'utilisation des armes nucléaires par un État dans un conflit armé*, avis consultatif du 8 juillet 1966, *Rec.* 1966, p. 74, § 17 : « La Cour considère en outre que la nature politique des mobiles qui auraient inspiré la requête et les implications politiques que pourrait avoir l'avis donné sont sans pertinence au regard de l'établissement de sa compétence pour donner un tel avis ».

477 C.I.D.H., *The right to information on consular assistance in the framework of the guarantees of the due process of law (Mexique)*, avis consultatif du 1er octobre 1999, OC-16/99, p. 40, § 47 : « The Court observes that it may not rule on charges or evidence alleged against a State because to do so would be at variance with the nature of its advisory function and would deny the respective State the opportunities to defend itself that it would have in a contentious proceeding ».

Les États américains ont donc substitué en pratique l'usage de la procédure consultative à celle des recours interétatiques, en dépit des contestations opportunes des États qui n'avaient pas reconnu la compétence de la Cour[478]. Les États africains ont eux aussi trouvé un moyen parallèle.

§ 2 – Le rejet du recours régional : l'espoir africain dans le subrégional ou l'universel

Le continent africain fut pendant longtemps un terrain fertile à l'apparition de violations multiples des droits de l'homme. Difficile alors de ne pas échapper à la liste dressée par M. CHEMILLIER-GENDREAU : « errance des réfugiés ou déplacés, famines, corruption, trafic d'armes, de personnes, d'enfants, guerres et massacres, personnes contaminées par le Sida, déforestation, tout cela fait partie à grande échelle des réalités africaines »[479]. Si les États africains se sont dotés d'instruments tant conventionnels que juridictionnels, la volonté de protéger régionalement les droits de l'homme ne semble pas encore avoir atteint un consensus suffisant[480]. En témoigne de manière assez flagrante l'unique requête interétatique formée par la République démocratique du Congo devant la Commission africaine des droits de l'homme et des peuples[481].

Contrairement aux organes onusiens ou à la Cour interaméricaine, il n'est pas possible d'expliquer ce phénomène par une compétence facultative des organes puisque « la saisine de la Cour par la Com. A.D.H.P. et par les États est automatique et ne requiert pas une déclaration d'acceptation de la juridiction

---

[478] J. M. PASQUALUCCI, *The Practice and Procedure of the Inter-American Court of Human Rights*, Cambridge, Cambridge University Press, 2013, 2e éd., pp. 62-64.

[479] M. CHEMILLIER-GENDREAU, « L'Afrique et les conditions générales de réalisation des droits de l'homme », *African Journal of International and Comparative Law*, 1999, vol. 11-1, p. 1.

[480] R. BEN ACHOUR, *op. cit.*, note 99, p. 572 : « malgré l'adhésion tardive de l'Afrique à la nécessité d'une protection continentale des droits de l'homme, la croyance en cette nécessité ne semble pas assumée totalement ».

[481] Com. A.D.H.P., *République Démocratique du Congo c. Burundi, Rwanda et Ouganda*, communication n°227/99, rapport du 29 mai 2003.

obligatoire »[482]. Une première raison pourrait être trouvée dans le rôle limité de la Commission pour connaître des recours étatiques et individuels ainsi que dans ses liens avec l'organe politique qu'est la Conférence des Chefs d'État et de Gouvernement[483]. Un autre facteur, qui a déjà été mentionné plusieurs fois précédemment, permet d'expliquer le désaveu des États africains. C'est la prééminence du principe de non-ingérence dans les affaires intérieures des États. Ce principe figure encore au cœur de l'U.A. puisque son Acte Constitutif le mentionne à son article 4 comme un des principes que doit respecter l'Union dans son fonctionnement[484]. La culture diplomatique africaine semble peu encline à favoriser au sein de l'U.A. l'usage de méthodes judiciaires qui toucheraient à la souveraineté des États membres[485]. La seule affaire interétatique concernait d'ailleurs un conflit armé, ce qui prouve à quel point il faut attendre des situations extrêmes dépassant les compétences nationales territoriales pour qu'un organe de protection des droits de l'homme soit saisi. C'est ce que confirme F. VILJOEN en expliquant que : « From a perusal of submitted inter-state cases, it appears that such cases are most likely to be submitted in contexts where the relationships between states had seriously broken down, where there is conflict between states, and whee militay force may be used/ international armed conflict is imminent or real »[486]. Se pose donc une question peu ou prou similaire à celle posée précédemment s'agissant des États américains : les États africains ont-ils décidé de s'écarter de tout conflit interétatique en matière de droits de l'homme, ou ont-ils simplement trouvé une alternative plus appropriée ? Heureusement là encore, la seconde supposition est la bonne. Les États africains, plutôt que de former des recours devant la

[482] R. BEN ACHOUR, *supra*, p.569.
[483] T. BUERGENTHAL, *op. cit.*, note 94, p. 799, qui souligne les réticences de cet organe : « a political body that has traditionnaly not been inclined to take strong action against serious violators of human rights ».
[484] Article 4 (g) de l'Acte Constitutif de l'Union Africaine : « Non-ingérence d'un État membre dans les affaires intérieures d'un autre État membre ».
[485] F. VILJOEN, *op. cit.*, note 100, p. 27 : « this culture has led to a decision not to 'name and shame' states ».
[486] *Ibid.*

C.A.D.H.P. ou devant la Com. A.D.H.P., ont préféré simplement saisir des organes différents.

A cet égard trois alternatives sont envisageables. La première n'est autre que la création d'une nouvelle Cour africaine de justice et des droits de l'homme. Celle-ci deviendrait l'organe judiciaire principal de l'U.A. et bénéficierait d'une compétence matérielle élargie, ainsi que d'une section propre aux affaires relatives aux droits de l'homme et des peuples. Les recours interétatiques intéressant justement la protection des droits de l'homme pourraient alors trouver dans ce nouveau forum de règlement des différends une opportunité de s'exercer plus efficacement. Toutefois, en dépit de ses multiples intérêts[487], notamment sur le plan pénal[488], ce projet adopté en 2008[489] est encore loin de voir le jour tant en raison des difficultés tenant à la fusion de la C.A.D.H.P. avec la Cour de justice de l'U.A.[490], qu'en raison du nombre de ratifications manquantes pour que son Protocole entre en vigueur[491]. Il n'est donc pas encore possible d'affirmer que ce projet constitue une véritable alternative, mais son existence, même théorique, atteste d'une volonté des États africains de trouver une autre voie de recours que celle existant devant les organes actuels de l'Union.

La seconde alternative pourrait relever des organes judiciaires des trois communautés économiques régionales qui, malgré leur objet initial, ont intégré « des dimensions politiques intéressant directement la promotion et la protection des droits

---

487 T. BARSAC, *La Cour africaine de justice et des droits de l'homme*, Paris, Pedone, 2012, 132 p.

488 S. SMIS, E. AMANI CIRIMWAMI, « Repenser la création fragmentée des juridictions hybrides en Afrique au profit de la Cour africaine de justice, des droits de l'homme et des peuples », *R.B.D.I.*, 2017, vol. 50-1, pp. 314-338.

489 Protocole de Sharm El Sheikh (Égypte) du 1er juillet 2008.

490 F. OUGERGOUZ, « Une juridiction, trois protocoles, cinq chefs de compétence : les défis de la future Cour africaine de Justice, des droits de l'homme et des peuples », *in* G. LE FLOCH, M. LEMEY, L. PAIOLA (dir.), *La Cour africaine des droits de l'homme et des peuples,* Paris, Pedone, 2023, pp. 417-452.

491 Sur les 15 ratifications nécessaires, seules 8 ont pour l'instant eu lieu : Libye (2009), Mali (2009), Burkina Faso (2010), Congo (2011), Bénin (2012), Libéria (2014), Gambie (2018), Angola (2020).

de l'homme »[492]. Il s'agit de la Cour de Justice de la CEDEAO, de la Cour de Justice de la Communauté de l'Afrique de l'Est, et de la Cour de la Communauté de développement d'Afrique Australe. Si les deux dernières n'ont pas encore véritablement affirmé leur compétence en matière de droits de l'homme, la première a officiellement franchi le Rubicon en 2005. La Cour de Justice de la CEDEAO est en effet compétente pour « connaître des cas de violation des droits de l'homme dans tout État membre »[493], que ce soit sur saisine des États membres ou sur saisine des personnes victimes de violations[494]. Néanmoins, la pratique des recours devant cette Cour subrégionale semble davantage avoir été constituée de requêtes individuelles que de plaintes étatiques. Cela n'est à vrai dire pas très étonnant puisque la saisine est automatique et que les conditions de recevabilité sont particulièrement favorables au requérant individuel. A titre d'exemple, ni le Traité, ni le Protocole additionnel de 2005 n'imposent de condition d'épuisement des voies de recours internes quand la plainte est formée par une victime de violations des droits de l'homme. La Cour n'a d'ailleurs pas souhaité ajouter par elle-même cette condition, estimant que cela porterait atteinte aux droits des individus[495].

En clair, la véritable alternative au recours interétatique pour les États africains semble résider dans la saisine de la Cour internationale de Justice. Ceux-ci ont l'habitude de ce forum judiciaire puisque nombre de différends les opposant notamment frontaliers y furent jugés[496]. En matière de droits de

---

[492] L. HENNEBEL, H. TIGROUDJA, *op. cit.*, note 24, p. 402.

[493] Article 9 § 4 du Protocole additionnel de 2005 portant amendement du Protocole relatif à la Cour de Justice de la CEDEAO, A/SP.1/01/05.

[494] Article 10 (d), *ibid.*

[495] En ce sens : Cour de Justice CEDEAO, *Mani Hadidjatou c. Niger,* arrêt du 24 octobre 2008, § 45 : « il n'y a donc pas lieu de considérer l'absence d'épuisement préalable des voies de recours internes comme une lacune que la pratique de la Cour de Justice de la Communauté doit combler car celle-ci ne saurait, sans violer les droits des individus, leur imposer des conditions et des formalités plus lourdes que celles prévues par les textes communautaires ».

[496] A titre d'exemples : C.I.J., *Différend frontalier (Burkina Faso c. République du Mali)*, arrêt du 22 décembre 1986, *Rec.* 1986, p. 554 ; C.I.J., *Différend territorial (Jamahiriya arabe libyenne c. Tchad)*, arrêt du 3 février 1994, *Rec.* 1994, p. 6 ; C.I.J., *Ile de Kasikili/ Sedudu (Botswana c. Namibie)*,

l'homme les recours des États africains devant la C.I.J. sont plus rares mais toujours plus nombreux que devant les organes de l'Union africaine. En effet, en vertu des clauses compromissoires contenues dans des conventions universelles relatives aux droits de l'homme, les États ont saisi la C.I.J. de différends qui auraient pu faire ou qui faisaient déjà l'objet d'un recours en vertu de la Charte africaine. La République démocratique du Congo a par exemple formé des recours parallèles devant la C.I.J. s'agissant du conflit armé l'opposant au Burundi, à l'Ouganda et au Rwanda. Pour cela, il fut notamment invoqué les clauses compromissoires de la C.I.E.R.D., de la Convention pour l'élimination de toutes les formes de discrimination à l'égard des femmes[497], ou encore de la Convention contre la torture et autres peines ou traitements cruels, inhumains ou dégradants [498]. Mais l'affaire qui a sûrement marqué le plus l'influence de la C.I.J. en matière de droits de l'homme sur saisine d'un État africain est celle opposant la République de Guinée à la République démocratique du Congo[499]. Invitée à s'exprimer notamment sur des violations du P.I.D.C.P. et de la Charte A.D.H.P., la Cour prit part à une « affaire interétatique de protection diplomatique, [qui] s'est transformée, par l'alchimie du processus judiciaire, en un véritable contentieux des droits de l'homme »[500]. Les États africains, en préférant la C.I.J. à l'organe régional compétent, ont donc désavoué l'état actuel du mécanisme au sein de l'U.A. et par la même occasion participé à l'évolution de la jurisprudence de la Cour de La

---

arrêt du 13 décembre 1999, *Rec.* 1999, p. 1045 ; C.I.J., *Frontière terrestre et maritime entre le Cameroun et le Nigéria (Cameroun c. Nigéria ; Guinée équatoriale (intervenant))*, arrêt du 10 octobre 2002, *Rec.* 2002, p. 303 ; C.I.J., *Différend frontalier (Bénin c. Niger)*, arrêt 12 juillet 2005, *Rec.* 2005, p. 90 ; C.I.J., *Différend frontalier (Burkina Faso c. Niger)*, arrêt du 16 avril 2013, *Rec.* 2013, p. 44.

[497] C.I.J., *Activités armées sur le territoire du Congo (nouvelle requête 2002) (République démocratique du Congo c. Rwanda)*, arrêt du 3 février 2006, *Rec.* 2006, p. 6.

[498] C.I.J., *Activités armées sur le territoire du Congo (République démocratique du Congo c. Rwanda)*, ordonnance du 30 janvier 2001.

[499] C.I.J., *Ahmadou Sadio Diallo (République de Guinée c. République démocratique du Congo)*, arrêt du 30 novembre 2010, *Rec.* 2010, p. 639.

[500] L. HENNEBEL, H. TIGROUDJA, *op. cit.*, note 24, p. 262.

Haye en matière de droits de l'homme. Les liens forts mais parfois complexes de ces États avec la C.I.J. avaient d'ailleurs déjà été soulignés[501].

En somme, les États, qu'ils soient américains ou africains, n'ont pas formé autant de recours interétatiques devant les organes de protection régionaux que les États européens. Néanmoins, dans leur intérêt et dans celui des droits de l'homme ils ont su trouver d'autres procédures plus flexibles ou plus respectueuses des principes qui les lient entre eux. Cette stratégie tendant à éviter le recours interétatique peut être être perçue comme un désaveu du mécanisme. Celui-ci doit inviter à des réformes incitatives. Mais pour que ces dernières aient véritablement un effet, encore faut-il que les États acceptent aussi de s'exposer à des recours formés par d'autres Etats. Car s'il est parfois difficile de prendre la décision de former un recours interétatique, il apparaît plus difficile encore pour certains États d'accepter de s'y soumettre.

SECTION II. LE REFUS DES ETATS DE SE SOUMETTRE AU RECOURS INTERETATIQUE

La non-coopération des États ainsi que l'inapplication des solutions judiciaires ne sont pas malheureusement aussi rares que les recours interétatiques en contentieux international des droits de l'homme. Le refus d'un État de faire l'objet d'un recours interétatique le conduit à rejeter toute mesure qui viendrait à le contraindre juridiquement ou le désavouer politiquement. Cette opposition aux procédures des organes de protection résulte d'un calcul stratégique. Comme pour les États qui hésitent à user du recours interétatique, les États qui en font l'objet procèdent à une balance des intérêts. C'est ce que S. DOTHAN nous confirme en étudiant les stratégies judiciaires des États devant les organes de protection des droits de l'homme et en expliquant que : « When a state complies with a

---

[501] M. MUBIALA, « La Contribution des États Africains à la Renaissance de la Cour Internationale de Justice », *African Yearbook of International Law*, vol. 2, pp. 173-180.

costlier judgment, it will earn more reputation, but it will have to bear a higher material cost than it would when complying with a less costly judgment. Therefore a state might rather comply with less costly judgments than comply with costlier judgments »[502].

Si l'on transpose la logique de S. DOTHAN au cas précis des recours interétatiques, nul doute que les États considèrent la plupart de ces recours comme des procédures lourdes et extrêmement politisées puisqu'ils concernent des violations nombreuses et répétées dans des conflits de grande ampleur. A l'inverse les recours interétatiques de simple protection diplomatique rencontrent moins de difficultés et se terminent même sur des règlements amiables[503]. Ainsi, face à des recours pour lesquels une coopération étatique ou l'application des mesures judiciaires semblent inopportunes pour l'État défendeur, ce dernier trouve régulièrement des moyens de désapprouver la procédure de l'organe de protection ou sa solution. Ces moyens peuvent aussi bien consister en un rejet pur et simple de tout recours à leur encontre (§ 1) qu'en une utilisation d'outils conventionnels permettant également de s'y soustraire (§ 2).

§ 1 – Le rejet du recours par refus de coopérer

Le recours interétatique ne fait jamais le bonheur des États dont la politique et les actions sont remises en causes. Quel que soit le système de protection envisagé, la procédure interétatique est perçue comme un acte antagoniste[504] qui fait courir des risques diplomatiques pour l'État défendeur tant sur le plan interne (opinion publique, presse, élections futures ou révoltes) que sur le plan externe (rupture des relations commerciales avec plusieurs pays alliés, tensions politiques et pressions lors de

---

[502] S. DOTHAN, « Judicial Tactics in the European Court of Human Rights », *C.J.I.L.*, 2011, vol. 12-1, n° 358, p. 133.

[503] C.E.D.H., *Danemark c. Turquie (*règlement amiable), 5 avril 2000, n° 34382/97, ; Com. I.D.H., *Équateur c. Colombie* (archivage), 4 novembre 2013, affaire interétatique 12.779, rapport n°96/13.

[504] S. LECKIE, *op. cit.*, note 26, p. 297 : « The procedure is still viewed as a serious and unfriendly act by states receiving the complaints, even if they are assured that is not the intention of the applicant state(s) ».

possibles négociations). De toute évidence, si celui-ci devait faire un choix il préférerait sûrement une procédure confidentielle, non-contentieuse, sans déballages ni discours. L'ancien juge de la C.I.J. M. KOOIJMANS l'expliquait parfaitement : « In view of the fact that governments are usually extremely sensitive about allegations that human rights are regularly and systematically violated in their country, there is plausibility in the contention that such disputes lend themselves much better for settlement by confidential negotiations than by public exposure »[505]. En théorie néanmoins le choix ne lui appartient pas toujours. Il ne peut empêcher un État de former un recours à son encontre en vertu d'une Convention qu'il a ratifié, et devant un organe dont la compétence est automatique ou reconnue par lui. Mais les États les plus récalcitrants n'hésitent pas à entrer en opposition frontale avec l'État requérant et l'organe saisi. Au mépris de toute règle internationale, l'État se mure alors dans un silence qui ne sera rompu que pour désavouer l'ensemble de la procédure menée à son égard.

Schématiquement deux options s'offrent à lui. La première consiste à faire arrêter le recours avant tout jugement au fond, puis seulement en cas d'échec refuser toute application d'une solution « injuste » ou « politique ». Pour parvenir à ses fins, l'État défendeur soulève donc un nombre conséquent d'exceptions préliminaires, contestant aussi bien la compétence de l'organe que l'application de telle ou telle norme. La seconde option est bien plus radicale puisqu'elle consiste tout simplement à ne jamais prendre part aux débats judiciaires ou quasi-judiciaires. Plusieurs États ont procédé de la sorte face à des recours interétatiques qui les incriminaient. Tel fut le cas par exemple du Burundi qui refusa toute interaction avec la Com. A.D.H.P. dans l'affaire du conflit armé en République démocratique du Congo. La Commission a déduit de cette absence que l'État admettait les allégations portées contre lui[506]. De même la Turquie n'a pas souhaité prendre part à l'étude par

---

[505] P. H. KOOIJMANS, « Inter-State Dispute Settlement in the Field of Human Rights », *Leiden Journal of International Law*, 1990, vol. 3-3, p. 89.

[506] Com. A.D.H.P., *République Démocratique du Congo c. Burundi, Rwanda et Ouganda*, communication n°227/99, rapport du 29 mai 2003, § 96.

la Com. E.D.H. des recours chypriotes formés contre lui[507]. Encore récemment, dans l'affaire l'opposant à l'Ukraine devant la C.I.J., la Russie a exprimé sa décision de « ne pas participer à la procédure orale »[508] s'agissant des demandes de mesures conservatoires de l'Ukraine. Ce sont d'ailleurs souvent ces mesures conservatoires qui sont les premières victimes procédurales du rejet des États défendeurs. Rarement appliquées dans des conflits armés, leur non-respect par les États présage souvent du comportement qui sera adopté par eux à la fin de l'affaire judiciaire. A tout le moins, l'État défendeur peut tout mettre en œuvre pour ralentir et empêcher l'organe de protection dans sa tâche. Cette non-coopération a pu prendre la forme par exemple d'un refus persistant de transmettre des pièces prépondérantes pour l'établissement des faits, au motif notamment qu'elles seraient classées secret défense par l'État défendeur[509].

En somme tous les moyens sont bons pour désavouer le recours interétatique d'un État formé contre soi. Mais des méthodes, davantage en accord avec les normes et principes de droit international, sont parfois contenues au sein même des conventions relatives aux droits de l'homme.

§ 2 – Le rejet du recours par désaveu de l'organe saisi

Comme il l'a été dit précédemment, certains organes ne sont dotés que d'une procédure facultative. Ils ne peuvent donc n'être saisis qu'à condition que les États aient reconnu sa compétence par une déclaration préalable. Les États les plus réticents au mécanisme de protection de l'organe peuvent donc tout simplement choisir de ne pas effectuer une telle déclaration. Cela explique notamment le peu d'États à avoir reconnu les

---

[507] Com. E.D.H., *Chypre c. Turquie (I) et (II)*, n° 6780/74 et n° 6950/75, rapport du 10 juillet 1976.

[508] C.I.J., *Allégations de génocide au titre de la Convention pour la prévention et la répression du crime de génocide (Ukraine c. Fédération de Russie)*, ordonnance du 16 mars 2022, § 12.

[509] C.E.D.H., *Géorgie c. Russie (I)* [GC], n° 13255/07, arrêt du 3 juillet 2014, §§ 105-106.

compétences des comités onusiens en matière de recours interétatique[510].

Mais un autre mécanisme, plus singulier encore, peut permettre à un État d'échapper à la menace que peut constituer le recours interétatique. Celui-ci n'est autre que la décision radicale de dénoncer la Convention instituant l'organe de protection et organisant la procédure interétatique. Un tel procédé, pourtant bien connu du droit international, peut sembler étrange s'agissant des droits de l'homme tant la matière semble fondamentale et revêt un intérêt global[511]. Mais à plusieurs reprises des États ont fait le choix d'user de ce mécanisme, qu'il y ait ou non une clause prévoyant cette possibilité. A titre d'exemples, la Jamaïque ainsi que Trinité-et-Tobago, ont dénoncé le premier Protocole du P.I.D.C.P. en 1997 et en 1998, avant d'y adhérer à nouveau, mais cette fois avec réserves. Ce premier cas atteste cependant davantage d'un désaveu du Comité des droits de l'homme s'agissant de sa procédure de communications individuelles, et notamment concernant ses délais, que d'une réticence à l'égard d'une possible plainte étatique. Dans un contexte plus régional, le Venezuela a dénoncé en 2012 la Convention américaine relative aux droits de l'homme en vertu son article 78. La principale raison se trouvait être la défiance du pays à l'égard de la Cour interaméricaine et de la Commission interaméricaine qui seraient selon lui victimes d'une politisation de leurs prétoires. Le Venezuela annonça également en 2017 son retrait de l'O.E.A.[512] s'enfonçant dans « une crise majeure, à ce jour non résolue »[513].

Mais ces deux premières illustrations n'entrent pas véritablement dans un contexte de recours interétatique. C'est finalement le système européen qui a donné les exemples les plus flagrants. En effet, en 1969 et en réaction aux recours d'Etats à son en-

---

510 Voir *supra*, T. II., Chap. I, Sect. 1. § 2.

511 P. FRUMER, *loc. cit.*, note 132.

512 E. MEIER GARCIA, « El inconstitucional e inconvencional retiro de Venezuela de la OEA », *Revista da Faculdade de Direito da Universidade Federal de Minas Gerais*, vol. 71, 2017, pp. 103-142.

513 L. BURGOGUE-LARSEN, « Le traitement des différends interétatiques dans le cadre du Système interaméricain », *op. cit.*, note 91, p. 37.

contre devant la Com. E.DH.[514], la Grèce avait fait le choix de dénoncer la Convention européenne des droits de l'homme et son premier Protocole additionnel. Cette décision entrait dans une stratégie bien plus vaste puisque le pays fit le choix de se retirer du Conseil de l'Europe. Ce n'est que quelques années plus tard, en 1974, une fois la junte militaire terminée et donc le différend réglé[515] que le régime réintégra le Conseil de l'Europe et ainsi ratifia à nouveau ces deux textes. De même et plus récemment, la Russie annonça le 15 mars 2022 son retrait du Conseil de l'Europe[516]. En plein contexte de conflit armé avec l'Ukraine, et alors que les victimes de violations se multiplient, le gouvernement russe désavoue la Conv. E.D.H. et l'ensemble de ses procédures de contrôle. Cette situation déplorable montre toute la difficulté de manier l'outil du recours interétatique sans brusquer ni pousser vers la sortie des États dont les tensions avec une organisation sont déjà exacerbées [517] . Cela n'empêchera pas, néanmoins, la C.I.J. et la C.E.D.H. de connaître, non sans difficultés, les recours formés avant cette date par l'Ukraine. Un espoir est permis.

---

[514] Com. E.D.H., *Danemark, Norvège, Suède et Pays-Bas c. Grèce (I)*, rapport du 5 novembre 1969, req. n°3321/67 à 3323/67 et 3344/67.

[515] Les États requérants ainsi que la Commission demandèrent tout de même à la Grèce d'apporter des preuves quant à la fin des violations des droits de l'homme dans le pays : Com. E.D.H., *Danemark, Norvège, Suède et Pays-Bas c. Grèce (II)*, rapport du 4 octobre 1976, req. n°4448/70.

[516] Le même jour l'Assemblée parlementaire du Conseil de l'Europe a voté en faveur de l'exclusion de la Russie.

[517] B. Bowring, « Russia and the European Convention (or Court) of Human Rights : The End ? », *R.Q.D.I.*, 2020, pp. 201-218.

CONCLUSION

Le recours interétatique devant les organes de protection des droits de l'homme constitue l'illustration parfaite de la distance qui peut séparer une notion théorique de sa mise en œuvre pratique. Car en dépit de son intérêt indéniable et de sa consécration conventionnelle, le recours interétatique s'avère trop souvent délaissé, abandonné, écarté. Il faudrait bien évidemment se féliciter d'un tel constat si les violations des droits de l'homme avaient disparu de la surface du globe. Mais assurément, tel n'est pas le cas. Seul l'exemple européen démontre un véritable usage du recours. Comparée aux autres organes de protection, la C.E.D.H. semble faire figure de paradis contentieux où ni tabou ni crainte n'enchaînent les États à une passivité criminelle. Partout ailleurs, le recours interétatique est victime de ses insuffisances, créant un nouvel écart, cette fois, entre les droits consacrés et l'efficacité du contrôle. L'ancien juge de la Cour européenne, M. CARILLO SALCEDO le résumait ainsi : « la densité du droit international des droits de l'homme est plus importante sur le plan des principes et des normes que sur celui des mécanismes institutionnalisés de protection internationale »[518].

Mais cet échec du recours interétatique ne signifie aucunement que les États ne réagissent plus face aux violations des droits de l'homme. Ils utilisent d'autres méthodes, principalement non contentieuses et diplomatiques, plutôt que ce mécanisme des organes judiciaires ou quasi-judiciaires qui ne leur convient pas. Cela fit dire à l'ancien juge de la C.I.J.,

[518] J. A. CARILLO SALCEDO, *op. cit.*, note 450, p. 189.

M. KOOIJMANS que : « Appart from the cynical explanation that governments are simply not altruistic enough to take up the cause of individuals who are not their own nationals unless a political interest of their own is at stake, this hesitancy to make use of the mechanism of the state complaint may also stem from the feeling that such a mechanism lacks flexibility »[519]. Fort heureusement, les individus peuvent également agir directement devant les organes de protection. Mais cela suffira-t-il à provoquer un véritable changement et un plus grand respect des droits de l'homme chez les États qui n'ont toujours que faire de la victime esseulée ? Ne vaudrait-il mieux pas, avec courage et mesure, miser sur le recours interétatique et « exciter tous les chefs, car une inexorable nécessité nous assiège »[520] ?

[519] P. H. KOOIJMANS *op. cit.*, note 505, p. 89.
[520] Homère, *loc. cit.*, note 1.

BIBLIOGRAPHIE

I. Theses et ouvrages

Barsac (T.), *La Cour africaine de justice et des droits de l'homme*, Paris, Pedone, 2012, 132 p.

Bassiouni (M. C.), Schabas (W. A.) (dir.), *New Challenges for the UN Human Rights Machinery : What Future for the UN Treaty Body System and the Human Rights Council Procedures ?*, Cambridge, Intersentia, 2011, 480 p.

Burgogue-Larsen (L.), *Les 3 cours régionales des droits de l'homme in context. La justice qui n'allait pas de soi*, Paris, Pedone, 2020, 588 p.

Carillo Salcedo (J. A.), *Souveraineté des États et droits de l'homme en droit international contemporain*, Paris, Dalloz, 2016, 201 p.

Combacau (J.), Sur (S.), *Droit international public*, Paris, LGDJ, 13e éd., 2019, 882 p.

Decaux (E.), De Frouville (O.), *Droit international public*, Paris, Dalloz, 12e éd., 2020, pp. 331-359.

Dourneau-Josette (P.), Lambert Adbelgawad (E.), *Quel filtrage des requêtes par la Cour européenne des droits de l'homme ?*, Strasbourg, Conseil de l'Europe, 2011, 572 p.

Ergec (R.), *Protection européenne et internationale des droits de l'homme*, Bruxelles, Bruylant, 2004, 237 p.

Faure (C.), *Ce que déclarer des droits veut dire*, Paris, Les belles lettres, 2011, 541 p.

Ferrero (J.), *L'interprétation évolutive des conventions internationales de protection des droits de l'homme : Contribution à l'étude de la fonction interprétative du juge international*, Paris, Pedone, 2019, pp. 416-429

Flauss (J-F.), Touze (S.), *Contentieux international des droits de l'homme et choix du forum : Les instances internationales de*

contrôle face au forum shopping, Collection Droit et Justice, Bruxelles, Bruylant, 2012, 138 p.
GOY (R.), *La Cour internationale de Justice et les droits de l'homme*, Bruxelles, Bruylant, 2002, 222 p.
HENNEBEL (L.), *La Convention américaine des droits de l'homme : mécanismes de protection et étendue des droits et libertés*, Bruxelles, Bruylant, 2007, pp. 49-50.
HENNEBEL (L.), TIGROUDJA (H.), *Le particularisme interaméricain : En l'honneur du 40e anniversaire de la Convention américaine des droits de l'homme*, Paris, Pedone, 2009, 413 p.
HENNEBEL (L.), TIGROUDJA (H.), *Traité de droit international des Droits de l'homme*, Paris, Pedone, 2e éd., 2018, 1720 p.
KOLB (R.), *Théorie du droit international*, Bruxelles, Bruylant, 2e éd., 2013, pp. 354-365.
LE FLOCH (G.), *L'urgence devant les juridictions internationales*, Paris, Pedone, 2008, 517 p.
MURRAY (R.), *The African Charter on Human and People's Rights : A Commentary*, Oxford, Oxford University Press, 2019, pp. 655-663.
PASQUALUCCI (J. M.), *The Practice and Procedure of the Inter-American Court of Human Rights*, Cambridge, Cambridge University Press, 2e éd., 2013, 410 p.
PHAN (H. D.), *A selective Approach to Establishing a Human Rights Mechanism in Southeast Asia : The case for a Southeast Asia Court of Human Rigths*, Leiden/ Boston, Martinus Nijhoff, 2012, pp. 5-6.
RENUCCI (J-F.), *Droit européen des droits de l'homme : droits et libertés fondamentaux garantis par la CEDH*, Paris, LGDJ, 8e éd., 2019, pp. 49-56.
RISINI (I.), *The Inter-State Application under the European Convention on Human Rights : Between Collective Enforcement of Human Rights and International Dispute Settlement*, Leiden-Boston, Brill Nijhoff, International Studies in Human Rights, vol. 125, 2018, 278 p.
ROBERTSON (A. H.), *Le Conseil de l'Europe : sa structure, ses fonctions et ses réalisations*, Londres, A. W. Sythoff-Leyde, 1962, pp. 215-216.
SUDRE (F.), *Droit européen et international des droits de l'homme*, Paris, PUF, 15e éd., 2021, 1013 p.
SCHABAS (W. A.), *The European Convention on Human Rights : A Commentary*, Oxford, Oxford University Press, 2015, pp. 723-730.

STAVRINAKI (T.), *Le régime des procédures de communications individuelles dans le système des traités des Nations unies relatifs aux droits de l'homme*, Paris, Pedone, 2016, 618 p.
TAN (H-L.), T*he ASEAN Intergovernemental Commission on Human Rights : Institutionalising Human Rights in Southeast Asia*, Cambridge, Cambridge University Presse, 2011, 308 p.
TOUZE (S.), *La protection des droits des nationaux à l'étranger : recherches sur la protection diplomatique*, Paris, Pedone, 2007, 513 p.

II. ARTICLES ET CHAPITRES D'OUVRAGES

BOWRING (B.), « Georgia, Russia and the Crisis of the Council of Europe : Inter-State Applications, Individual Complaints, and the Future of the Strasbourg Model of Human Rights Litigation », *in* J. GREEN et C. WATERS (dir.), *Conflict in the Caucasus – Implications for the International Legal Order*, 2010, pp. 201-218.
BURBANO-HERRERA (C.), « The Inter-American Court of Human Rights and its Role in Preventing Violations of Human Rights through Provisional Measures », *in* Y. HAECK, O RUIZ-CHIRIBOGA, C. BURBANO-HERRERA (dir.), *The Inter-American Court of Human Rights : Theory and Practice, Present and Future*, Intersentia, 2015, pp. 355-374.
BURGOGUE-LARSEN (L.), « Vers la création d'une culture commune en matière de droits fondamentaux en Amérique latine : De la force du juge... », *in* A-S. LAMBLIN-GOURDIN, E. MONDIELLI (dir.), *Un droit pour des hommes libres : Etudes en l'honneur d'Alain Fenet*, Ionrai, LexisNexis Litec, 2008, pp. 11-27.
COURTIS (C.), « Article 10 du Protocole facultatif », *in* E. DECAUX, O. DE SCHUTTER (dir.), *Le Pacte international relatif aux droits économiques, sociaux et culturels : Commentaire article par article*, Paris, Economica, 2019, pp. 596-600.
DOMINGUEZ (C.), « Inter-American Court of Human Rights and European Court of Human Rights. From Observation to Interaction on Human Rights », *in* Y. HAECK, O RUIZ-CHIRIBOGA, C. BURBANO-HERRERA (dir.), *The Inter-American Court of Human Rights : Theory and Practice, Present and Future*, Intersentia, 2015, pp. 739-764.
ENGSTROM (P.), LOW (P.), « Mobilising the Inter-American Human Rights System : Regional Litigation and Domestic Human Rights Impact in Latin America », *in* P. ENGSTROM (dir.), *The Inter-American Human Rights System*, Cham, Studies of the Americas, 2019, pp. 23-58.

FORTEAU (M.), « La saisine des juridictions internationales à vocation universelle », *in* H. RUIZ FABRI, J-M. SOREL (dir.), *La saisine des juridictions internationales*, Paris, Pedone, 2006, p. 9.

HENNEBEL (L.), « La Cour internationale de Justice face au droit international des droits de l'homme », *in Liber amicorum Marc Bossuyt*, Intersentia, 2013, pp. 299-315.

HIGGINS (R.), « The International Court of Justice and Human Rights », *in* K. WELLENS (dir.), *International Law-Theory and Practice : Essays in Honour of Eric Suy*, La Haye, Martinus Nijhoff, 1998, p. 694.

IMBERT (P-H.), « L'avenir du passé : Une Cour européenne des droits de l'homme, pour quoi faire ? », *in* H. HARTIG (dir.), *Trente ans de droit européen des droits de l'homme : Études à la mémoire de Wolfgang Strasser*, Anthémis, Bruylant, 2008, pp. 117-133.

LABAYLE (H.), « Article 24 », *in* E. DECAUX, P-H. IMBERT, L-E. PETTITI (dir.), *La Convention européenne des droits de l'homme : Commentaire article par article*, Paris, Economica, 2e éd., 1999, pp. 573-578.

LARRALDE (J-M.), « La concurrence de procédures dans le contentieux international des droits de l'homme », *in* Y. KERBRAT (dir.), *Forum Shopping et concurrence des procédures contentieuses internationales*, Bruxelles, Bruylant, 2011, pp. 103-126.

MYJER (E.), « The European Court of Human Rights and armed conflicts between high contracting parties : some general remarks » *in* P. TITIUM (dir.), *La conscience des droits : Mélanges en l'honneur de Jean-Paul Costa*, Dalloz, 2011, pp. 461-472.

PELLET (A.), « Remarques sur l'(in)efficacité de la Cour internationale de Justice et d'autres juridictions internationales », *in Le procès international : Liber Amicorum Jean-Pierre Cot*, Bruxelles, Bruylant, 2009, pp. 193-213.

PETTITI (L-E.), « Les recours interétatiques dans le système de la Convention européenne des droits de l'homme », *in* D. BARDONNET (dir.), *Le règlement pacifique des différends internationaux en Europe : Perspectives d'avenir*, Académie de droit international de La Haye, Martinus Nijhoff, 1991.

PREBENSEN (S. C.), « Inter-State Complaints under Treaty Provisions – The experience under the European Convention on Human Rights », *in* G. ALFREDSSON, J. GRIMHEDEN, G. RAMCHARAN (dir.), *International Monitoring Mechanisms : Essays in Honor of Jacob Th. Möller*, Martinus Nijhoff, 2009, pp. 441-464.

ROGGE (K.), « Inter-State cases under Article 33 of the European Convention on Human Rights », *in* H. HARTIG (dir.), *Trente ans de droit européen des droits de l'homme : Études à la mémoire de Wolfgang Strasser*, Anthémis, Bruylant, 2008, pp. 289-306.

SOREL (J-M.), « Les premiers pas des juridictions internationales : maladresse, péché de jeunesse ou affirmation ? », *in Le procès international : Liber Amicorum Jean-Pierre Cot*, Bruxelles, Bruylant, 2009, pp. 283-308.

TAMS (C. J.), « Individual States as Guardians of Community Interests », *in* U. FASTENRATH, R. GEIGER, D-E. KHAN, A. PAULUS, S. VON SCHORLEMER, C. VEDDER (dir.), *From Bilateralism to Community Interest, Essay in Honour of Bruno Simma*, Oxford, Oxford University Press, 2011, pp. 379-405.

VANDENHOLE (W.), « The 'J' Word : Driver ou Spoiler of Change in Human Rights Law », *in* S. ALLEN, D. COSTELLOE, M. FITZMAURICE, P. GRAGL et E. GUNTRIP (dir.), *The Oxford Handbook of Jurisdiction in International Law*, Oxford, Oxford University Press, 2019, pp. 413-430.

WOLFRUM (R.), « Enforcing Community Interests through International Dispute Settlement », *in* U. FASTENRATH, R. GEIGER, D-E. KHAN, A. PAULUS, S. VON SCHORLEMER, C. VEDDER (dir.), *From Bilateralism to Community Interest, Essay in Honour of Bruno Simma*, Oxford, Oxford University Press, 2011, pp. 1132-1145.

III. ARTICLES DE REVUES

ABRAHAM (R.), « La réforme du mécanisme de contrôle de la Convention européenne des droits de l'homme : le Protocole n°11 à la Convention », *AF.D.I.*, 1994, vol. 40, pp. 619-632.

BALCERZAK (M.), « Uses and Underuses of the International Convention on the Elimination of All Forms of Racial Discrimination at the International Court of Justice », *P.Y.I.L.*, 2018, n°38, pp. 11-27.

BECKET (J.), « The Greek Case before the European Human Rights Commission », *Human Rights*, American Bar Association, 1970, vol. 1-1, p. 116.

BEN ACHOUR (R.), « La Convention européenne et la Charte africaine : Étude comparée », *R.Q.D.I.*, Hors série décembre 2020, pp. 549-572.

BUERGENTHAL (T.), « The Evolving International Human Rights System », *A.J.I.L.*, 2006, vol. 100, n°4, pp. 783-807.

CABRAL BARRETO (I.), « Le droit de recours individuel devant la Cour Européenne des Droits de l'Homme », *R.Q.D.I.*, 2002, vol. 15-2, p. 16.

CANÇADO TRINDADE (A. A.), « Current State and Perspectives of the Inter-American System of Human Rights Protection at the Dawn of the New Century », *Tulane Journal of International and Comparative Law*, 2000, vol. 8, p. 28.

CAVALLARO (J.), BREWER (S. E.), « Reevaluating Regional Human Rights Litigation in the Twenty-First Century : The Case of the Inter-American Court », *A.J.I.L.*, 2008, vol. 102, n°4, pp. 768-827.

CONTESSE (J.), « Inter-State Cases in Disguise under Inter-American Human Rights Law », *Völkerrechtsblog*, International Law & International Legal Thought, 2021 (en ligne).

DECAUX (E.), « Enjeux et perspectives », Cinquantenaire de la Convention européenne des droits de l'homme, *R.Q.D.I.*, 2000, vol. 13-1, pp. 109-130.

DECAUX (E.), « La décision du Comité pour l'élimination de la discrimination raciale relative à sa compétence adoptée le 12 décembre 2019 au regard de la communication interétatique déposée par l'État de Palestine contre Israël », *R.T.D.H.*, 2021, vol. 126-2, p. 444

DELAS (O.), THOUVENOT (M.), BERGERON-BOUTIN (V.), « Quelques considérations entourant la portée des décisions du Comité des droits de l'homme », *R.Q.D.I.*, 2017, vol. 30-2, p. 15.

DONALD (A.), LEACH (P.), « A Wolf in Sheep's Clothing : Why the Draft Copenhagen Declaration Must be Rewritten », *EJIL : Talk !*, Blog of the European Journal of International Law, 2018 (en ligne).

DONOHO (G.), « Human Rights Enforcement in the Twenty-First Century », *Georgia Journal of International and Comparative Law*, 2006, vol. 35-1, p. 44

DOTHAN (S.), « Judicial Tactics in the European Court of Human Rights », *Chicago Journal of International Law*, 2011, vol. 12-1, n° 358, p. 115-142.

DUPOUEY (J.), « Les droits de l'homme au sein de l'ASEAN, un régime protecteur en construction », *R.D.H.*, 2018, vol. 14, p. 1.

DZEHTSIAROU (K.), « Compensation for victims in inter-state cases. Is Georgia v Russia (I) another step forward ? », *Strasbourg Observers*, 2019 (en ligne).

DZEHTSIAROU (K.), « Can the European Court of Human Rights prevent war ? Interim measures in inter-state cases », *Public Law*, 2016, vol. 2, p. 254.

DZEHTSIAROU (K.), TZEVELEKOS (V.), « Interim Measures: Are Some Opportunities Worth Missing ? », *European Convention on Human Rights Law Review*, vol. 2, n° 1, pp. 1-10.

FERNANDEZ SORIANO (V.), « Facing the Greek junta : the European Community, the Council of Europe and the rise of human-rights politics in Europe », *European Review of History*, 2017, vol. 24-3, p. 358.

FRANCK (T.), FAIRLEY (H. S.), « Procedural Due Process in Human Rights Fact-finding by International Agencies », *A.J.I.L.*, 1980, vol. 74-2, p. 308.

GREGORY (S.), « Cameras Everywhere Revisited : How Digital Technologies and Social Media Aid and Inhibit Human Rights Documentation and Advocacy », *J.H.R.P.*, 2019, vol. 11-2, pp. 373–392.

HILL-CAWTHORNE (L.), « International Litigation and the Disaggregation of Disputes : Ukraine/ Russia as a Case Study », *I.C.L.Q.*, 2019, vol. 68, pp. 779-815.

IMBERT (P-H.), « Le Conseil de l'Europe. 60 ans d'indifférence respectueuse », *A.F.R.I.*, 2010, vol. XI, pp. 435-455.

KIRCHNER (S.), « Interim Measures in Inter-State Proceedings before the European Court of Human Rights : Ukraine v. Russia », *University of Baltimore Journal of International Law*, 2014, vol. 3, n°1, pp. 33-61.

KISS (A. C.), VEGLERIS (P.), « L'affaire grecque devant le Conseil de l'Europe et la Commission européenne des Droits de l'homme », *A.F.D.I.*, vol. 17, 1971, p. 908

KOCH (J.), « The Efficacy and Impact of Interim Measures: Ukraine's Inter-State Application against Russia », *Boston College International and Comparative Law Review*, 2016, vol. 39, no. 1, pp. 163-194.

LEACH (P.), « On inter-state litigation and armed conflict cases in Strasbourg », *European Convention on Human Rights Law Review*, 2021, vol. 2, n°1, pp. 27-74.

LEACH (P.), PARASKEVA (C.), UZELAC (G.), « Human Rights Fact-finding. The European Court of Human Rights at a Crossroads », *Netherlands Quaterly of Human Rights*, 2010, vol. 28-1, p. 43.

KOOIJMANS (P. H.), « Inter-State Dispute Settlement in the Field of Human Rights », *Leiden Journal of International Law*, 1990, vol. 3-3, pp. 87-98.

LECKIE (S.), « The Inter-State Complaint Procedure in International Human Rights Law : Hopeful Prospects or Wishful Thinking ? », *Human Rights Quartely*, The Johns Hopkins University Press, 1988, vol. 10, n°2, pp. 249-303.

LE FLOCH (G.), « Le rôle des juridictions internationales dans la préservation de la paix », *R.B.D.I.*, 2020/1, pp. 101-130.

LOPEZ GUERRA (L.), « La evolución del sistema europeo de protección de derechos humanos », *Teoría y Realidad Constitucional*, 2018, n°42, pp. 111-130.

MAGLIVERAS (K.), « Completing the Institutional Mechanism of the Arab Human Rigths System », *International Human Rights Law Review*, 2017, vol. 6-1, p. 51.

MAGLIVERAS (K.), NALDI (G.), « The Arab Court of Human Rights : a Study in Impotence », *R.Q.D.I.*, 2016, vol. 29-2, p. 162.

MAZJOUB (T.), QUILLERE MAZJOUB (F.), « De l'utilité de la future Cour arabe des droits de l'homme : de quelques réflexions sur son Statut », *R.T.D.H.*, 2015, pp. 645-671.

MERTENS (P.), « Organes du Conseil de l'Europe et le concept de démocratie dans les deux affaires grecques », *R.B.D.I.*, 1971, vol. 7-1, p. 136

MIRON (A.), « Fact-Finding or Just Evidence Assessment ? », *Völkerrechtsblog*, International Law & International Legal Thought, 2021 (en ligne).

OETTINGER (M.), « Design and Implementation of a World Court of Human Rights », *Vermont Bar Journal*, 2016, vol. 42-4, pp. 26-32.

RASILLA (I.), « The World Court of Human Rights : Rise, Fall and Revival », *Human Rights Law Review*, 2019, vol. 19-3, pp. 585-604.

RISINI (I.), ULFSTEIN (G.), « Inter-State Applications under the European convention on Human Rights : Strengths and Challenges », *EJIL : Talk !*, Blog of The European Journal of International Law, 2020 (en ligne).

RISINI (I.), ULFSTEIN (G.), ZIMMERMANN (A.), « Of foxes guarding chickens, and Their Fellow Foxes », *Völkerrechtsblog*, International Law & International Legal Thought, 2021 (en ligne).

RUNAVOT (M-C.), « Le retrait de la Fédération de Russie de sa signature du traité de Rome ou l'art de pervertir le droit des traités », *R.D.H.*, 2016 (en ligne).

SHAVER (L.), « The Inter-American Human Rights System : An Effective Institution for Regional Rights Protection », *Washington University Global Studies Law Review*, 2010, Vol. 4-9, pp. 639-675.

TARDIF (E.), « Le système interaméricain de protection des droits de l'homme : particularités, percées, et défis », *R.D.H.*, 2014, vol. 6, n°5, pp. 213-240.

TIGROUDJA (H.), « Could the Collective Guarantee Mechanism be Detrimental to Individuals' International Litigation Capacity ? », *Völkerrechtsblog*, International Law & International Legal Thought, 2021 (en ligne).

TULKENS (F.), « La nouvelle Cour européenne des droits de l'Homme : attentes, réalités et perspectives », *R.Q.D.I.*, 2000, vol. 13-1, pp. 323-358.

ULFSTEIN (G.), « Who is the Final Interpreter in Human Rights : the ICJ v CERD ? », *EJIL : Talk !*, Blog of the European Journal of International Law, 2021 (en ligne).

UMOZURIKE (U. O.), « The African Charter on Human and Peoples' Rights », *A.J.I.L.*, vol. 77-4, p. 909.

VILJOEN (F.), « A Procedure Likely to Remain Rare in the African System », *Völkerrechtsblog*, International Law & International Legal Thought, 2021 (en ligne).

WENZEL (N.), « Rethinking Friendly Settlements under the European Convention on Human Rights », *Völkerrechtsblog*, International Law & International Legal Thought, 2021 (en ligne).

IV. ACTES DE COLLOQUES

BATES (E.), « Histoire et typologie des procédures interétatiques en vertu de la CEDH », *Affaires interétatiques en vertu de la Convention européenne des droits de l'homme*, Actes de la Conférence organisée sous l'égide de la Présidence allemande du Comité des Ministres, Conseil de l'Europe, 2021, pp. 16-24.

BURGOGUE-LARSEN (L.), « Le traitement des différends interétatiques dans le cadre du Système interaméricain », *Affaires interétatiques en vertu de la Convention européenne des droits de l'homme*, Actes de la Conférence organisée sous l'égide de la Présidence allemande du Comité des Ministres, Conseil de l'Europe, 2021, pp. 34-38.

DECAUX (E.) (dir.), *Les Nations Unies et les Droits de l'homme : enjeux et défis d'une réforme*, Colloque des 30 septembre et 1er octobre 2004, Paris, Pedone, 2006, 348 p.

DECAUX (E.), DE FROUVILLE (O.) (dir.), *La dynamique du système des traités de l'ONU en matière de droits de l'homme*, Actes du colloque du 10 novembre 2014 du CRDH, Paris, Pedone, 2015, 210 p.

GAUDIN (H.), « Les recours entre les États adhérents », *in* J. ANDRIANTSIMBAZOVINA, L. BURGOGUE-LARSEN, S. TOUZE (dir.), *La protection des droits de l'homme par les cours supranationales*, Actes du colloque des 8 et 9 octobre 2015 de la Fondation René Cassin, Paris, Pedone, 2016, pp. 161-175.

KEANE (D.), « A Unique Jurisdiction: Inter-State Communications under Article 11 of the International Convention on the Elimination of Racial Discrimination », *Affaires interétatiques en vertu de la Convention européenne des droits de l'homme*, Actes de la Conférence organisée sous l'égide de la Présidence allemande du Comité des Ministres, Conseil de l'Europe, 2021, pp. 39-43.

LAMBERT ABDELGAWAD (E.), « La saisine de la Cour européenne des droits de l'homme », *in* H. RUIZ FABRI, J-M. SOREL (dir.), *La saisine des juridictions internationales*, Actes de la Journée du Contentieux de 2005 par le CERDIN et de l'UMR de Droit comparé, Paris, Pedone, 2006, pp. 211-249, commentaire par L. CAFLISCH, pp. 251-258.

SUDRE (F.), « Du Protocole n°11 au Protocole n°16, un système en quête de sens », *in* L. ROBERT et H. SURREL (dir.), *Quel avenir pour le système européen de protection des droits de l'homme ?*, Actes du colloque du 29 mars 2019, Limal, Anthémis, 2020, pp. 11-42.

TEITGEN-COLLY (C.) (dir.), *La Convention européenne des droits de l'homme, 60 ans et après ?*, Actes du colloque du 17 juin 2010, Paris, LGDJ, 2013.

VILJOEN (F.), « Inter-state communications under the African human rights system », *Affaires interétatiques en vertu de la Convention européenne des droits de l'homme*, Actes de la Conférence organisée sous l'égide de la Présidence allemande du Comité des Ministres, Conseil de l'Europe, 2021, pp. 25-33.

V. RECUEILS ET DICTIONNAIRES

DECAUX (E.), *Les grands textes internationaux des droits de l'homme*, Paris, La documentation française, 2e éd., 2021, 843 p.

LAMBERT (P.), *Les droits de l'homme dans les « Mélanges »*, Limal, Anthémis, 2e éd., 2012, 383 p.

SALMON (J.), *Dictionnaire de droit international public*, Bruxelles, Bruylant, 2001, p. 1198.

VI. ARRETS, DECISIONS, ET RAPPORTS

A. Système universel

1. Cour internationale de Justice

Barcelona Traction, Light and Power Company, Limited (Belgique c. Espagne), fond, arrêt du 5 février 1970, C.I.J. Recueil 1970, p. 3

Personnel diplomatique et consulaire des Etats-Unis à Téhéran (États-Unis d'Amérique c. Iran), fond, arrêt du 24 mai 1980, C.I.J. Recueil 1980, p. 3

Ahmadou Sadio Diallo (République de Guinée c. République démocratique du Congo), fond, arrêt du 20 novembre 2010, C.I.J. Recueil 2010, p. 639

Application de la convention internationale sur l'élimination de toutes les formes de discrimination raciale (Géorgie c. Fédération de

Russie), exceptions préliminaires, arrêt du 1er avril 2011, C.I.J. Recueil 2011, p. 70
Questions concernant l'obligation de poursuivre ou d'extrader (Belgique c. Sénégal), arrêt du 20 juillet 2012, C.I.J. Recueil 2012, p. 422
Application de la convention internationale sur l'élimination de toutes les formes de discrimination raciale (Qatar c. Emirats arabes unis), mesures conservatoires, ordonnance du 23 juillet 2018, C.I.J. Recueil 2018, p. 406
Application de la convention internationale pour la répression du financement du terrorisme et de la convention internationale sur l'élimination de toutes les formes de discrimination raciale (Ukraine c. Fédération de Russie), exceptions préliminaires, arrêt du 8 novembre 2019, C.I.J. Recueil 2019, p. 558
Application de la convention pour la prévention et la répression du crime de génocide (Gambie c. Myanmar), mesures conservatoires, ordonnance du 23 janvier 2020, C.I.J. Recueil 2020, p. 3
Application de la convention internationale sur l'élimination de toutes les formes de discrimination raciale (Qatar c. Émirats Arabes Unis), exceptions préliminaires, arrêt du 4 février 2021, C.I.J.
Application de la convention internationale sur l'élimination de toutes les formes de discrimination raciale (Azerbaïdjan c. Arménie), mesures conservatoires, ordonnance du 7 décembre 2021, C.I.J.
Allégations de génocide au titre de la Convention pour la prévention et la répression du crime de génocide (Ukraine c. Fédération de Russie), mesures conservatoires, ordonnance du 16 mars 2022, C.I.J.

2. Comité pour l'élimination de la discrimination raciale

Qatar c. Émirats Arabes Unis, décision de recevabilité du 27 août 2019, C.E.R.D., C/99/4
Qatar c. Arabie Saoudite, décision de recevabilité du 27 août 2019, C.E.R.D., C/99/5
Palestine c. Israël, décision de recevabilité du 12 décembre 2019, C.E.R.D., C/100/5
Qatar c. Émirats Arabes Unis, décision de suspension du 15 mars 2021, Commission de conciliation *ad hoc*
Qatar c. Arabie Saoudite, décision de suspension du 15 mars 2021, Commission de conciliation *ad hoc*
Palestine c. Israël, décision de recevabilité du 30 avril 2021, C.E.R.D., C/103/R.6

B. Systèmes régionaux

1. Commission européenne des droits de l'homme

Grèce c. Royaume-Uni (I), rapport du 26 septembre 1958, req. n°176/56

Grèce c. Royaume-Uni (II), rapport du 8 juillet 1959, req. n°299/57

Autriche c. Italie, rapport du 30 mars 1963, req. n°788/60

Danemark, Norvège, Suède et Pays-Bas c. Grèce (I), rapport du 5 novembre 1969, req. n°3321/67 à 3323/67 et 3344/67

Danemark, Norvège, Suède et Pays-Bas c. Grèce (II), rapport du 4 octobre 1976, req. n°4448/70

France, Norvège, Danemark, Suède, Pays-Bas c. Turquie, décision du 6 décembre 1983, req. n°9940-9944/82

France, Norvège, Danemark, Suède, Pays-Bas c. Turquie, rapport du 7 décembre 1985, req. n°9940-9944/82

2. Cour européenne des droits de l'homme

C.E.D.H., arrêt *Irlande c. Royaume-Uni* du 18 janvier 1978, Série A, n°25

Danemark c. Turquie (déc.), n°34382/97, 8 juin 1999

*Danemark c. Turquie (*règlement amiable), n° 34382/97, 5 avril 2000, CEDH 2000-IV

Chypre c. Turquie [GC], n°25781/94, 10 mai 2001, CEDH 2001-IV

Géorgie c. Russie (I) (déc.), n°13255/07, 30 juin 2009

Géorgie c. Russie (III) (radiation), n°61186/09, 16 mars 2010

Géorgie c. Russie (II) (déc.), n°38263/08, 13 décembre 2011

Chypre c. Turquie (satisfaction équitable) [GC], n°25781/94, 12 mai 2014, CEDH 2014-II

Géorgie c. Russie (I) [GC], n°13255/07, 3 juillet 2014, CEDH 2014-IV

Géorgie c. Russie (I) (satisfaction équitable) [GC], n°13255/07, 31 janvier 2019

Lettonie c. Danemark (radiation), n°9717/20, 16 juin 2020

Slovénie c. Croatie (déc.) [GC], n°54155/16, 18 novembre 2020

Ukraine c. Russie (Crimée) (déc.) [GC], n°20958/14 et n°38334/18, 16 décembre 2020

Géorgie c. Russie (II) [GC], n°38263/08, 21 janvier 2021

3. Commission africaine des droits de l'homme et des peuples

République Démocratique du Congo c. Burundi, Rwanda et Ouganda, communication n°227/99, rapport du 29 mai 2003

4. Commission interaméricaine des droits de l'homme

Nicaragua c. Costa Rica (irrecevabilité), 8 mars 2007, affaire interétatique 01/06, rapport n°11/07

Équateur c. Colombie (recevabilité), 21 octobre 2010, affaire interétatique P1-02, rapport n°112/10

Équateur c. Colombie (archivage), 4 novembre 2013, affaire interétatique 12.779, rapport n°96/13

TABLE DES MATIÈRES

TABLE DES MATIÈRES

Structures éditoriales du groupe L'Harmattan

L'Harmattan Italie
Via degli Artisti, 15
10124 Torino
harmattan.italia@gmail.com

L'Harmattan Hongrie
Kossuth l. u. 14-16.
1053 Budapest
harmattan@harmattan.hu

L'Harmattan Sénégal
10 VDN en face Mermoz
BP 45034 Dakar-Fann
senharmattan@gmail.com

L'Harmattan Cameroun
TSINGA/FECAFOOT
BP 11486 Yaoundé
inkoukam@gmail.com

L'Harmattan Burkina Faso
Achille Somé – tengnule@hotmail.fr

L'Harmattan Guinée
Almamya, rue KA 028 OKB Agency
BP 3470 Conakry
harmattanguinee@yahoo.fr

L'Harmattan RDC
185, avenue Nyangwe
Commune de Lingwala – Kinshasa
matangilamusadila@yahoo.fr

L'Harmattan Congo
219, avenue Nelson Mandela
BP 2874 Brazzaville
harmattan.congo@yahoo.fr

L'Harmattan Mali
ACI 2000 - Immeuble Mgr Jean Marie Cisse
Bureau 10
BP 145 Bamako-Mali
mali@harmattan.fr

L'Harmattan Togo
Djidjole – Lomé
Maison Amela
face EPP BATOME
ddamela@aol.com

L'Harmattan Côte d'Ivoire
Résidence Karl – Cité des Arts
Abidjan-Cocody
03 BP 1588 Abidjan
espace_harmattan.ci@hotmail.fr

Nos librairies en France

Librairie internationale
16, rue des Écoles
75005 Paris
librairie.internationale@harmattan.fr
01 40 46 79 11
www.librairieharmattan.com

Librairie des savoirs
21, rue des Écoles
75005 Paris
librairie.sh@harmattan.fr
01 46 34 13 71
www.librairieharmattansh.com

Librairie Le Lucernaire
53, rue Notre-Dame-des-Champs
75006 Paris
librairie@lucernaire.fr
01 42 22 67 13

www.ingramcontent.com/pod-product-compliance
Lightning Source LLC
LaVergne TN
LVHW010022081026
849535LV00016B/2794
* 9 7 8 2 3 3 6 4 1 2 3 6 8 *